LA **EDUCACIÓN** DE LA **INTERIORIDAD**

CLAVES DE BÓVEDA

Elena Andrés Suárez

P P C

Ilustración de cubierta: Archivo SM

© 2025, Elena Andrés Suárez
© 2025, PPC, Editorial y Distribuidora, S.A.
Impresores, 2
      Parque Empresarial Prado del Espino
      28660 Boadilla del Monte (Madrid)
      ppcedit@ppc-editorial.com
      www.ppc-editorial.es

ISBN: 978-84-288-4319-5
Depósito legal: M-20553-2025

PRÓLOGO

Escribir un prólogo es un desafío. Es una manera de presentar un libro, un autor, una idea… El objetivo es ayudar al lector. Para ello hay que describir el contexto, destacar las ideas clave, especificar las aportaciones originales. Un autor escribe sobre otro autor. Si se conocen personalmente, revela datos y detalles que resultan relevantes, o bien recorre su obra para ubicar el texto presentado.

En mi caso, preparar un prólogo sobre un libro de Elena Andrés dedicado a la educación de la interioridad se ha convertido en un trabajo sobre mi propia interioridad, porque tanto la autora como la temática me implican íntimamente. Ha sido una invitación a acudir a la mirada introspectiva y, también, a la retrospectiva.

Son muchos años de complicidad con Elena, de compartir una especial preocupación por la espiritualidad en el mundo de hoy, reticente a los monopolios; por la educación; por la vida de los niños y adolescentes llenos de esperanzas, pero también de incertidumbres; por la interioridad, ese concepto difícil de definir, aunque todos somos conscientes de nuestros adentros.

El camino compartido, el deseo de explorar rutas significativas en un tiempo de cambios, los sueños teñidos de esperanza, tantos encuentros que generaron nuevas complicidades…, ahora, más de veinte años después, los descubro como un auténtico prólogo de cuanto acontece en tantos centros escolares, en tantos cursos, en tantos talleres.

Sí, la educación de la interioridad no es una moda pasajera. Los que llevamos muchos años en las aulas sabemos que el sistema de programación didáctica cambia periódicamente. Lo que hace unos años parecía la panacea definitiva para arreglar el sistema educativo, hoy resulta desfasada, superada por nuevas teorías, tan endebles como las anteriores. Las innovaciones caducan.

La educación de la interioridad no es una ocurrencia gestada en un despacho. Hunde sus raíces en la gran tradición humanista, no ajena a la espiritualidad cristiana. El ser humano no es un autómata susceptible de ser sustituido por la inteligencia artificial. Es un ser con consciencia de sí mismo, con una interioridad que lo hace diferente de sus semejantes. Una interioridad que necesita ser trabajada, cultivada, desarrollada.

Con el tiempo pueden cambiar las técnicas para educar la interioridad. La psicología tiene mucho que aportar. Las artes adquieren hoy un protagonismo especial. Pero cambiaremos los modos sin alterar los objetivos.

Y para acompañar en este proceso educativo, que implica toda la persona, hay que haber transitado por estos caminos. Elena lo ha hecho. Yo soy testigo. Y lo ha sabido expresar con talento artístico, con creatividad, con la capacidad de sorprendernos a cada paso con una nueva chispa, con un destello que nos deja asombrados.

Ahora bien, las vivencias no bastan, ni tampoco el toque artístico. Para que la vivencia se convierta en experiencia hace falta el poso del pensamiento, la reflexión, la lectura, saber escribir para convertir en palabras aquello que hemos gustado interiormente. Racionalizar la experiencia no implica enfriarla, al contrario, significa dosificarla, hacer "raciones" para poderla compartir. En esto consiste la educación.

Este libro incluye todos estos aspectos. Historia, la personal y la de una tradición pedagógica. Experiencia acumulada. Creatividad. Didáctica. Reflexión. Pensamiento. Escribir este prólogo ha sido un desafío, espero que la lectura de este libro también suscite retos educativos, intelectuales y, sobre todo, vivenciales.

Josep Otón

A cada educador y educadora
que se entrega de lleno
a su vocación educativa día a día.

A la familia Lasaliana
que tanto bien me hace
y que ha acogido con respeto,
valoración y cariño
lo que late tras estas páginas.

INTRODUCCIÓN

El año 2009 vio la luz mi primer libro sobre la Educación de la Interioridad: *La Educación de la Interioridad, una propuesta para Secundaria y Bachillerato.* Fue costoso escribirlo porque todo comenzó en el aula. Todo nació como un intento de responder a las necesidades de los adolescentes con los que aprendí a enseñar. Nada era solo teoría. Toda la reflexión pedagógica de ese libro brotó de la constatación diaria en el aula, en la vida de mis alumnos y alumnas y, más tarde, de la experiencia acompañando grupos de alumnos y profesores de diferentes colegios en el Casal Lluís Espinal (Manresa).

Dieciséis años después, y tras mi paso por diversos contextos educativos, me atrevo a afrontar la tarea de volver a recoger un cúmulo de aprendizajes, de encuentros, de experiencias y sueños compartidos con docentes de toda España, Portugal y algunos países de Hispanoamérica.

Lo que comenzó en la cotidianeidad de mis clases en un colegio de Barcelona, y como una reflexión apasionada en torno al necesario acompañamiento integral de los adolescentes, ha crecido de un modo que sigue emocionándome y, a la vez, me crea grandes interrogantes.

Desde estas páginas debo rendir homenaje y agradecer profundamente el acompañamiento y el apoyo que he recibido de tantas instituciones, profesores y profesoras que se han interesado por esta propuesta y han creído en ella.

En estas páginas siento que recojo y llevo más allá aquel primer libro con el que aprendí a escribir sobre la Educación de la Interioridad. Pero el contexto educativo desde el que escribo es ya totalmente otro e incluso mi forma de entender esta cuestión ha vivido sus propios cambios.

Si en 2009 era consciente de que la Educación de la Interioridad representaba un modelo pedagógico válido para renovar el lenguaje de la pastoral escolar en la escuela católica, hoy, a punto de terminar el primer cuarto del siglo XXI, percibo que el mundo en el que vivo es totalmente otro. Y esto es algo sumamente interesante, porque ya entonces me parecía que aquello de "una sociedad en mutación" resultaba muy evidente, pero hoy esa mutación muestra algunos perfiles del cambio gestado y sigue avanzando a pasos agigantados.

En el ámbito educativo atravesamos un proceso de cambio y de búsqueda de nuevos paradigmas pedagógicos que respondan a los rápidos cambios socioculturales. El acompañamiento de numerosos grupos de educadores de diferentes instituciones y de diversos países me ha permitido ser testigo de primera mano de una mutación educativa que creo es mundial.

En el año 2000 hablar de Educación de la Interioridad parecía algo extraño o incluso "exótico". Hoy no solo no suena extraño, sino que, por ejemplo, resuena en algo como los Objetivos de Desarrollo Interior (*Inner Development Goals*), de los que hablaré en la primera parte del libro.

De algún modo, hemos pasado de un tiempo en el que lo que entendemos como "competencial" parecía anecdótico, a un tiempo en el que se ha convertido en eje central de las propuestas educativas.

Precisamente por el protagonismo actual de la educación por competencias, los colegios están sometidos a la exigencia de aplicar nuevas pedagogías a una velocidad vertiginosa. Me parece que en ninguna época de la historia de la Educación ha habido semejante aluvión de propuestas de innovación pedagógica como en los siglos XX y XXI.

Todo ello indica una necesidad imperiosa de generar un modo de educar en la escuela que responda al mundo cambiante y complejo en el que vivimos. Es normal que no atinemos, es normal que se sucedan las pruebas y los errores. Pero debemos ser lúcidos y reconocer que no todo vale en pro de la innovación pedagógica.

A todo lo anterior hay que sumar dos datos relevantes y estremecedores: el aumento de enfermedades mentales en nuestros menores y de suicidios en edades escolares. Algo sucede en nuestro modo de vivir que nos enferma. Muchos siguen insistiendo en que es la escuela la que debe salir al paso de todo esto, pero ¿realmente puede y debe la escuela dar respuesta a todo aquello que identificamos como retos educativos?

Lo cierto es que la escuela sí acoge esos retos sociales y crea propuestas pedagógicas que favorezcan la salud mental de los alumnos. Es ahí donde cobran sentido los proyectos educativos que quieren favorecer un modo de acompañar a los alumnos atendiendo a todas las dimensiones de la persona.

Y he aquí la razón más importante que da origen a este libro: situar bien el "por qué" y el "desde dónde" de la Educación de la Interioridad, o al menos de este modelo concreto que es una propuesta para **aprender a ser, cuidando el ser**.

Nos encontramos, por lo tanto, en la competencia básica de "aprender a ser". Esto es importante. Implementar un programa de Educación de la Interioridad no es sinónimo de dejar de "dar clase" ni quiere decir dejar de lado los aspectos de esfuerzo intelectual, hábitos de estudio y memorísticos importantes para adquirir conocimientos.

La Educación de la Interioridad tampoco viene a "dar más trabajo al profesor", sino precisamente anhela poder crear en el día a día escolar las pausas necesarias para que la comunidad educativa respire, resitúe su mirada, serene su paso.

Tampoco es un proyecto de *mindfulness* ni de yoga ni de meditación o de mil técnicas más que relacionamos de manera inmediata con "lo interior" o "lo espiritual". ¡Las técnicas, por desgracia, tantas veces pueden convertirse en una moda pasajera! La Educación de la Interioridad aplica diversas técnicas, pero es mucho más que estas.

Sé que este libro puede resultar denso. Mientras lo escribía era consciente de ello. Sin embargo, he optado por ser fiel a mi propia necesidad de dar razón de mi trabajo. Necesidad de explicar dónde se enraíza esta propuesta y ofrecer una descripción lo más detallada posible de los fundamentos conceptuales que la sustentan.

Tras cada capítulo y epígrafe de este libro hay horas de formación. En cada reflexión subyace el deseo de responder a las preguntas y las dudas de los educadores. Sigue siendo este, también, un libro que nace de la vida y es para la vida.

El libro se compone de cinco partes, a modo de **claves de bóveda,** para construir un programa de Educación de la Interioridad que pueda tener un carácter estratégico y pasar de ser un proyecto para funcionar como un paradigma en lo referido al cuidado del ser de la comunidad educativa.

En la primera parte ofrezco las reflexiones teóricas que nos ayudan a entender que la Educación de la Interioridad es un paradigma con sentido en sí mismo.

La segunda parte contiene por qué denomino a este modelo de trabajo "aprender a ser cuidando el ser". Esta forma de calificar mi modelo de Educación de la Interioridad es algo que ha ido naciendo en los últimos años y que cada vez me parece más adecuado e inspirador.

Al llegar a la tercera parte he querido entrar a fondo en una compresión más detallada de los objetivos y de la metodología que configuran este paradigma. En esta parte del libro ofrezco una propuesta de despliegue del trabajo de la interioridad en tres fases. He ido comprendiendo que es necesario dejar atrás el modelo de organización basado en las etapas escolares para trabajar desde este despliegue por fases atendiendo a momentos importantes en el desarrollo del alumno.

En línea con todo lo anterior, también es bueno tener en cuenta qué procesos formativos pueden ser los más adecuados para crear un programa bien secuenciado. En la cuarta parte del libro comparto los pasos a dar que me parecen más indicados y que, de nuevo, se basan en mi experiencia de acompañamiento con diversas instituciones educativas.

Por último, no he querido renunciar a ofrecer un material práctico, en la quinta parte del libro, que consiste en sesiones para vivir con el claustro educativo. Aquello que no vive el educador es muy difícil que llegue al alumno.

Todo lo que aquí se describe nace de la fe. El Evangelio es su fuente de inspiración y he querido utilizar un lenguaje claramente cristiano. Pero estoy convencida de que todo cuanto expongo es válido para todo ser humano. Esa es la grandeza de la propuesta de verdadera humanidad de Jesús: es universal.

De todo corazón espero que estas páginas te sean útiles a ti, educador, educadora. Ojalá te ayuden a "ir más allá" en tu forma de entender la Educación de la Interioridad y eso te inspire para acompañar a tus alumnos en este fascinante camino que es aprender a ser humanos, cuidando de nuestra humanidad.

En Irún, 20 de junio de 2025.

1.ª CLAVE DE BÓVEDA

Fundamentos teóricos
que dan sustento a este modelo
de Educación de la Interioridad

PUNTO DE PARTIDA: UNA FALSA DICOTOMÍA

Nos suele suceder que cuando focalizamos mucho la atención en un tema, sin darnos cuenta podemos deformarlo dotándolo de tal "gigantismo" conceptual que amenace con devorar todo lo demás. Así puede pasar cuando nos adentramos en la reflexión acerca de la dimensión interior del ser humano. Al reflexionar sobre la interioridad humana podemos llegar a creer implícitamente que ese ámbito de la persona es el único importante. Pudiera parecer que esa atención a la interioridad nos lleva a concluir que la exterioridad es su opuesto y que, además, apenas tiene importancia. El resultado puede ser que la reacción a "tanta interioridad" sea comenzar a sospechar que el interés por ella sea una especie de *fuga mundi* que además acrecienta el ego de quien decide hacer su morada en ese interior ignoto.

Nada más lejos de la línea de reflexión que abordaré en este libro. La tesis de fondo de la cual parto es que tanto la interioridad como la exterioridad son, por utilizar un lenguaje más comprensible, "diferentes caras de una misma moneda".

¿Qué es lo opuesto a interioridad?

En líneas generales pensamos que lo opuesto a la interioridad es la exterioridad. Sería válida tal respuesta si nos refiriéramos, por ejemplo, a un "fuera" y un "adentro" espacial. Si estoy en el interior de una casa, el opuesto es estar fuera. Pero referido al ser humano, lo opuesto de su interioridad no es la exterioridad sino la **banalidad**. Así es, podemos banalizar tremendamente aquello que tiene que ver con nuestra dimensión más interior, más íntima. Hay un ejemplo que, a mi modo de ver lo ilustra bien: el uso y abuso de la palabra "amor". Creo que el amor es una de las experiencias, por no decir "la experiencia", más impactante, más definitiva. Saberse y sentirse amado nos crea y nos recrea. Sin embargo, si nos fijamos bien, la imagen y definición de amor que se proyecta desde muchos ámbitos es la de un amor basado en apetencias, en proyecciones y, en el caso del amor de pareja, tantas veces en la mera atracción física. Un amor que, parece, basa su existencia en un romanticismo de corta duración o en un continuo drama vital.

Otro ejemplo claro del modo en el que podemos banalizar lo profundo proviene de algunas propuestas de "autoayuda", en las que se nos ofrecen fórmulas magistrales para ser felices en pocos pasos, haciendo de algo tan importante y delicado como el crecimiento y la plenitud personal, un producto de mercado.

- Así pues, si lo contrario de la interioridad es la banalidad, podemos ya señalar que una de las claves de una educación que quiera favorecer la conexión con la interioridad es estar en guardia de no transformarse en una caricatura de sí misma.

¿Y la exterioridad?

Siguiendo el hilo que he comenzado, creo importante explicitar que la exterioridad también tiene su opuesto y no es la interioridad sino la **superficialidad**.

Cuando mi modo de vida se construye desde la escasa o nula capacidad de introspección, de hacerme preguntas, de ser crítico, en definitiva, cuando el ser humano elabora su identidad y vive su vida sin raíces internas, eso que denominamos "exterioridad" se va convirtiendo en algo superficial en el sentido de que no hunde sus raíces en el sí de la persona. Esa superficialidad resta sentido y coherencia al día a día.

Sedientos del agua interior, buscamos continuamente en "afueras" infértiles. Esta deriva nos puede ir convirtiendo, en el peor de los casos, en meros personajes de un teatro vital vacío de verdaderos sujetos, meras fachadas sin apenas hogar interior.

- El hecho de salir de esta falsa dicotomía "interioridad-exterioridad" y entender con mente y corazón que somos un "todo", ya nos sitúa en el buen camino y nos permite ampliar el espacio de creatividad y propuestas cuando nos referimos a la Educación de la Interioridad como modelo pedagógico.

A continuación voy a presentar algunas de las perspectivas que cimientan esta compresión de la Educación de la Interioridad (a partir de ahora, EI) como modelo pedagógico que propone **aprender a ser cuidando el ser**.

Si la "clave de bóveda" es aquella pieza que hace que un arco no se derrumbe, las reflexiones que ofrezco a continuación son como las "claves de bóveda" que necesitamos para que la construcción de una propuesta de EI no se nos venga abajo ni se transforme en algo anecdótico y carente de sentido y significación para la comunidad educativa.

UN MUNDO COMPLEJO: ALGUNAS CLAVES SOCIOLÓGICAS DE LA EI [1]

"Hay un reconocimiento básico, esencial para caminar hacia la amistad social y la fraternidad universal: percibir cuánto vale un ser humano, cuánto vale una persona, siempre y en cualquier circunstancia" (*FT* 106).

Podemos preguntarnos cuál es la razón por la que, en medio de un mundo globalizado y técnico, aparecen propuestas educativas relacionadas con la vida interior, con las emociones, con el silencio, etc. ¿Qué atractivo puede encontrar un adolescente volcado en sus redes sociales en propuestas como el silenciamiento, la expresión plástica, los juegos, el movimiento consciente? ¿No estaremos quizá forzando demasiado las cosas? ¿Puede ser que estemos respondiendo a preguntas que ya nadie se hace o saliendo al paso de necesidades ficticias?

Una de las cuestiones que va resonando con más fuerza, no solo en el ámbito escolar sino en diferentes plataformas sociales, es la necesidad de un regreso a lo que podemos llamar "el hogar interior". En medio de un modo de vida generalizado basado en el *hacer* mucho para *tener* mucho, se erigen cada vez más voces que coinciden en la urgencia del regreso a un modo de vida más sereno, en el que, por ejemplo, la familia pueda recuperar sus espacios de convivencia y diálogo, también el regreso a modos de vida más austeros y que respeten nuestro maltrecho planeta.

---

[1] Para profundizar en esta cuestión sugiero la lectura de mi obra *Pioneros de un mundo inédito* Madrid, PPC 2024, especialmente de la primera parte.

La encíclica *Fratelli tutti* del papa Francisco sale al paso de "las sombras de un mundo cerrado" que nos van convirtiendo en "socios" y no en amigos y hermanos. Un mundo en el que, aun estando hiperconectados, existe una fragmentación que hace más difícil resolver los problemas, como afirma el Papa.

En *Fratelli tutti* se nos ofrecen algunos rasgos de nuestras sociedades que precisan urgentemente de una respuesta por parte de todos nosotros y, por ello, una respuesta pedagógica en la escuela en línea de una educación de la interioridad que anime y ayude a brotar el compromiso con modos de vida verdaderamente fraternos. Algunos rasgos que subraya el papa Francisco son[2]:

- Los conflictos locales y el desinterés por el bien común son instrumentalizados por la economía global para imponer un modelo cultural único.
- Estamos más solos que nunca en un mundo masificado.
- La dimensión comunitaria de la existencia se ha debilitado.
- La persona asume el rol de consumidora y de espectadora.
- El globalismo favorece la identidad de los más fuertes y licúa las identidades de las regiones más débiles y pobres haciéndolas más vulnerables y dependientes.
- Una pérdida del sentido de la historia que favorece nuevas formas de colonización cultural.
- La política se basa en metas inmediatistas de *marketing* que encuentran en la destrucción del otro el recurso más eficaz.

---

[2] *Cf. FT* 11-15.

Estos y otros rasgos son identificados en esta encíclica y constituyen la denominada "sociedad del descarte", que continuamente ha denunciado el papa Francisco. Frente a todo ello, la propuesta que nos hace es que "cuidar el mundo que nos rodea y contiene es cuidarnos a nosotros mismos. Pero necesitamos constituirnos en un "nosotros" que habita la casa común" (*FT* 17).

Todo ello nos indica que esta mutación histórica, con su enorme complejidad, está siendo también una oportunidad para rescatar lo mejor y más genuino del ser humano, y para ello es imprescindible "aprender a ser", la competencia de la que se encarga la EI. El aprendizaje de ser humanos conlleva el cuidado: cuidado de uno mismo, de los demás y del planeta en el que vivimos. Sobre esta cuestión del "cuidar", como verbo intrínseco a la humanidad, trataremos más adelante.

Ahora tan solo quiero indicar algunos subrayados de nuestros modos de vida y relación que pueden ayudarnos a comprender que todo lo relacionado con el cultivo de la interioridad es imprescindible, pero que supone un auténtico *agere contra*; dicho de otro modo, dadas las características de nuestra sociedad, educar la interioridad es introducir en la escuela un elemento disruptivo que puede generar las pausas precisas en la vida escolar, pausas que permitan al alumno, pero también al educador, sentir que puede tomar su vida entre las manos y crecer en conciencia de sí y de los demás.

Ofrezco a continuación algunas otras características de nuestras sociedades que debemos tener en cuenta para incardinar lo mejor posible las propuestas pedagógicas de EI.

- **Mirada científico-técnica:** Nuestra comprensión de la realidad es gobernada por la técnica, que se erige casi como el único medio de interpretación y comprensión del mundo. "Nuestro tiempo, hoy ya viejo, aunque vivamos en él, se sitúa bajo el signo del dominio del hombre sobre la naturaleza, que comienza en la Edad Media".[3]

– La EI favorece crear espacios para una experiencia de la existencia no basada únicamente en la mirada técnica, sino en la capacidad contemplativa que permite que la realidad se muestre en toda su hondura, incluyendo su dimensión de misterio.

• **Tecnología y conectividad:** Desde el último cuarto del siglo xx hasta la actualidad, la mirada científico-técnica que impregna la relación del ser humano con el medio ha adquirido características tales que podemos hablar, sin miedo a equivocarnos, de una *mutación histórica*. El mundo en el que han nacido nuestros jóvenes y niños es un mundo en mutación; vivimos, ellos y nosotros, un *cambio epocal* que aún no sabemos hacia dónde nos conducirá.

– La **digitalización** es una seña de identidad de nuestra sociedad. Cuando aún nos encontramos en el mundo educativo reflexionando sobre las nuevas tecnologías y su uso (o no) en el aula, la inteligencia artificial es ya una realidad que va instaurándose rápidamente en nuestros modos de vida a una velocidad exponencial. Es algo que lanza nuevos retos de un gran calado. Sin entrar en describir esos retos, que serían objeto en sí mismos de un solo libro, baste decir que la EI puede ayudar a vivir momentos de desconexión digital que ayuden a la comunidad

---

[3] Karlfried G. Dürckheim, *El despuntar del ser*, Mensajero, Bilbao 2009, p. 8.

educativa a recuperar la conexión profunda y serena con los demás, con el mundo y con la trascendencia de la existencia.

• **Sostenibilidad y conciencia ambiental:** Junto a este acrecentamiento de un modo de relación técnico con la existencia, la búsqueda de la sostenibilidad también acompaña nuestro devenir humano porque somos conscientes de que no podemos seguir viviendo como hasta ahora, simplemente porque el planeta no aguanta más nuestro modo de depredación de los recursos naturales y nuestro nivel de contaminación emitida. Buscamos cómo contaminar menos, pero a la vez nos resistimos a consumir menos, a abandonar modos de vida que ya hemos comprobado y sabemos que atentan contra nosotros mismos al atentar contra el planeta y que empobrecen las economías de otros países o hacen pervivir tremendas injusticias.

– He aquí otro reto educativo que asume la EI: de qué modo la propia vida escolar puede ser en sí misma sostenible y cuidadosa con el medio ambiente.

• **Globalización:** La digitalización de la vida ha hecho que el mundo entero esté a la distancia de un "clic" en el móvil. Y quizá este sea otro de los datos sociales a tener en cuenta: somos ciudadanos superinformados. Pudiera ser que lo que nos falta, en general, es la atención a lo que está sucediendo, dejar que aquello que sucede me interrogue y me conmueva. Hace falta educar nuestra mirada y educar nuestra atención para no convertir el mundo en el escenario de un espectáculo ajeno a mí.

– He aquí otro elemento que debe entrar de lleno en una buena propuesta de EI. Se trata de acompañar en los alumnos el nacimiento de una mirada crítica hacia los acontecimientos mundiales, una conciencia de ciudadanía global que haga de ellos personas que aporten sus talentos al bien común. Proponer esa educación de la mirada que facilite el nacimiento de mentes despiertas y críticas y de modos de vida más empáticos y solidarios con el dolor del mundo.[4]

- **Diversidad y multiculturalidad:** Precisamente la globalización ha desdibujado en algunos aspectos las fronteras entre países, y el flujo de mercancías y de personas supera al de otras épocas de la historia. El cambio climático y las crisis políticas y económicas de los países más desfavorecidos hacen que el flujo migratorio sea mayor y que la convivencia con culturas diversas sea diaria. Ante ello, las políticas de tolerancia y respeto se hacen presentes, pero a la par se ponen de manifiesto comportamientos xenófobos y de rechazo del diferente.
  - La EI ha de acoger en sí la llamada a despertar en los alumnos la empatía, la compasión y el deseo de relación con toda persona desde el respeto y la amabilidad, sea esta de la cultura que sea.

- **Perspectiva de género:** Al igual que sucede con la diversidad y multiculturalidad, la perspectiva de género es un modo de mirar la realidad presente en muchas leyes y opciones políticas; y, de nuevo, a pesar de tales políticas el aumento de casos de maltrato hacia las mujeres y otras cuestiones relacionadas con la minusvaloración de la mujer siguen presentes en nuestras sociedades.
  - Las propuestas de autoconocimiento y relación con los demás de la EI son un camino imprescindible

---

[4] Para profundizar en los perfiles de este contexto social complejo, refiero de nuevo a *Pioneros de un mundo inédito,* pp. 23-56.

para crecer en conciencia de las desigualdades que se generan por cuestión de género.

• **Participación ciudadana:** En la sociedad actual hay una creciente demanda de transparencia, rendición de cuentas y participación en la toma de decisiones políticas. Por ello es imprescindible que los ciudadanos cultivemos nuestro pensamiento político, entendiendo por lo político aquello que hace referencia al bien común.
  – Aquí la EI también ofrece procesos que ayudan a crecer en conciencia ciudadana y a descubrir el anhelo de trabajar por el bien común de la comunidad en la que se vive.

UNA MIRADA AL SER HUMANO: ALGUNAS CLAVES ANTROPOLÓGICAS

"La tarea educativa, el desarrollo de hábitos solidarios, la capacidad de pensar la vida humana más integralmente, la hondura espiritual, hacen falta para dar calidad a las relaciones humanas" (*FT* 167).

Hoy resulta evidente que son nuestros jóvenes los más perjudicados por la pérdida de fuerza de las instancias que a otras generaciones les ayudaron a encontrar un sentido a la existencia. Pero nuestros jóvenes buscan, como lo hacemos todos. Ellos y ellas también ansían la felicidad, realizarse plenamente como personas, amar y ser amados, sentir que su vida tiene un sentido. Lo que ha cambiado, y mucho, es el contexto, pero la búsqueda de sentido sigue siendo la motivación del ser humano en todas las épocas.

El reto está en reabrir los caminos que llevan al contacto profundo con el mundo interior, algo que no es favorecido por el modelo cultural de este momento de nuestra historia.

La **dimensión espiritual** de la persona y la **búsqueda de sentido** forman un todo indivisible. La búsqueda del sentido de la propia existencia solo puede partir y desarrollarse en contacto con esa dimensión interior y profunda de la persona.

- La interioridad es la matriz en la que se gestan y desarrollan las grandes preguntas y respuestas.

En este momento de nuestra historia como humanidad, la escuela tendrá un papel importante en el desarrollo de la dimensión espiritual de los futuros ciudadanos y ciudadanas. No obstante, no puede ser la escuela la institución sobre la que hagamos recaer toda la responsabilidad educativa; la familia debe asumir su papel de primera instancia socializadora y educadora.

Como veremos más adelante, en 2019 surgió la iniciativa de los *Objetivos de Desarrollo Interior* que se ofrecen como camino educativo al constatar que ningún cambio en nuestro mundo será estable si no cambiamos cada uno de nosotros por dentro. Es algo que el cristianismo siempre ha sabido y propugnado. Ese es el mensaje de Jesucristo. Se trata de la conversión del corazón indispensable para la construcción del Reino de Dios. El cultivo de la vida interior siempre va ligado a una toma de opciones vitales que conllevan un modo de vida ético. Interioridad y exterioridad son inseparables.

¿Por qué "interioridad" y no "espiritualidad"?

La opción desde el primer momento de denominar a este camino pedagógico "Educación de la Interioridad" no es casual. Como el contexto siempre nos ayuda a entender mejor las cosas, rescato de la memoria del corazón el recuerdo del colegio en el que comencé a crear este sistema. Un colegio en el que se daban cita numerosas nacionalidades y, por ende, diversas sensibilidades religiosas. No era el único colegio con esta realidad, no era el primero, y no fue ni será el último.

La realidad del aula me mostró que el "lugar común" de mis alumnos era la desconexión de lo interior. Pero existía otro "lugar común" desde donde caminar juntos: la interioridad. Como suele pasar en tantas cuestiones de fondo de la vida, aquello de lo que huyes es lo que más sueles necesitar para avanzar.

Y es que el hombre y la mujer occidentales han ido exiliándose hacia una exterioridad concretada en los verbos "hacer" y "tener". Sin darnos cuenta, nos hemos creído que la vida consiste en *hacer muchas cosas* y en *tener muchas cosas*, y que todo ello, sumado, configura la identidad de cada uno de nosotros en las sociedades del bienestar.

En ese contexto, lo sabemos bien, los procesos de introspección personal, el tiempo necesario para hacerme preguntas y buscar respuestas, los aprendizajes a largo plazo, etc., se convierten en algo casi imposible. La expresión "sociedades líquidas", acuñada por Zygmun Baumann, es realmente acertada al evocar esa carencia de puntos de apoyo recios para la construcción de la identidad personal y social.

Pero, por otro lado, esa imagen de *lo líquido* evoca algo positivo y es la posibilidad de aprender a atravesar todos los terrenos, de fluir, de encontrar caminos alternativos; en ese sentido tiene que ver con la resiliencia como capacidad personal de hacer de los problemas y dificultades un camino de crecimiento, autodescubrimiento y despliegue personal.

Desde ahí es desde donde quise comenzar a edificar el camino de Educación de la Interioridad con mis alumnos: aprovechando la oportunidad que encierra toda crisis personal o social. Ya sabemos que en su raíz la palabra "crisis" proviene del verbo griego "crimeo" que significa "discernir". Y es que toda crisis, si sabemos escuchar y poner atención, trae consigo oportunidades para algo.

Esta crisis de robustez que atraviesa nuestra sociedad occidental la entendí como la mejor de las oportunidades para explorar, para aprender, para escuchar lo que se nos decía a los adultos que tenemos la vocación de educar. Así, el término "interioridad" me parecía a mí el que mejor podía aglutinar sinergias, al venir descargado de la historia y contenidos que en Europa le otorgamos al término "espiritualidad".

Pero, a la vez, es un hecho que la espiritualidad cristiana siempre ha mostrado caminos para el cultivo de la interioridad, una interioridad "profética", como señala Josep Otón:

> "La interioridad cristiana tiene vocación profética. Es inconformista, contestataria e, incluso, subversiva. Es una invitación a adentrarse en uno mismo, no con una actitud condescendiente, sino con la clara voluntad de madurar y de cambiar un mundo injusto".[5]

Interioridad y espiritualidad [6]

Las religiones forman parte inseparable de la historia de la humanidad. Nos guste o no, lo acepten unos o lo nieguen otros, el cristianismo está en la base del constructo social de Europa.

Es en esa historia de luces y sombras donde encontramos la razón de ser de todas las connotaciones que tiene para muchos ciudadanos de este continente el término "espiritualidad". En el caso de tener una visión positiva de la religión o si se es una persona con una determinada religiosidad, esa identificación de los dos términos no genera dificultad, pero para quienes son ateos o para las personas que han vivido experiencias muy negativas relacionadas con la religión, tal identificación genera muchos cuestionamientos.

---

[5] Josep Otón Catalán, *Interioridad y espiritualidad*, Sal Terrae, Santander 2018, p. 32.

[6] Para ampliar la comprensión de esta cuestión, recomiendo la lectura del libro de Josep Otón que acabo de citar.

Sabemos que no es lo mismo "religión" que "espiritualidad". Efectivamente, una persona puede ser profundamente espiritual y sin embargo no sentirse cercana a ninguna religión, mientras que también hay quienes definiéndose como muy religiosos, carecen por completo de espiritualidad. Pero, de lo que no carece ningún ser humano es de interioridad. Para decirlo de un modo más esquemático:

• La interioridad, por ser una dimensión antropológica de todo ser humano, es nuestro "lugar común" en tanto que seres humanos.

"Entendemos la EI como la condición indispensable para la gestación, en el hondón de la persona, de compromisos éticos, espirituales y religiosos capaces de perdurar en el tiempo por haber sido descubiertos y escuchados en ese lugar donde uno puede personalizar lo recibido desde otra dimensión que denominamos exterioridad y que no es opuesta a la interioridad, sino otra expresión complementaria del ser de cada persona".[7]

Por esto mismo, porque la interioridad no es patrimonio de nadie al ser algo de todos, siempre me he sentido más coherente e inclinada a utilizar para esta propuesta pedagógica el nombre de "educación de la interioridad" y no, por ejemplo, "educación de la espiritualidad" u otros semejantes.

Con todo, creo conveniente indicar qué entendemos por espiritualidad en esta propuesta educativa.

---

[7] ELENA ANDRÉS SUÁREZ y CARLOS ESTEBAN (Coord.), *La interioridad como paradigma educativo*, PPC, Madrid 2017, pp. 7-8.

La espiritualidad y la búsqueda de sentido: ¿qué es lo espiritual? [8]

El escritor y pensador francés Marcel Légaut (1900-1990) afirma que "la vida espiritual empieza cuando descubrimos que hay algo en nosotros que se nos impone desde dentro –aunque pueda haber sido provocado desde fuera– y que, en cierta manera, nos exige corresponder a ello con todo nuestro ser, en la medida de nuestra capacidad".[9]

En muchas lenguas la palabra "espíritu" significa literalmente "aire". ¿Es entonces lo espiritual algo vacuo, es decir, falto de contenido, vacío? No son pocos los que identifican "lo espiritual" con una pérdida de tiempo o con la carencia del realismo necesario para afrontar de forma práctica las cuestiones de la vida. Otros entienden por espiritual algo intangible como el aire, por lo tanto, inaprensible y finalmente inasequible para el común de las personas.

Sin embargo, desde una antropología cristiana, afirmamos que el ser humano, hombre y mujer, es "imagen y semejanza de Dios" y "templo del Espíritu Santo", es decir, porta en sí la vida misma de Dios.

Por ello, lo espiritual en el cristianismo no hace referencia a algo vacío de contenido. A partir de la experiencia de Pentecostés, el cristiano acoge el *pneuma*, la *ruáh* como la presencia del mismo Dios en el interior de los corazones, presencia que capacita para la acogida del misterio de Dios de forma íntima y que genera un impulso que transforma

---

[8] Esta reflexión sobre la espiritualidad y la búsqueda de sentido la desarrollé a petición de la Orden de la Compañía de María y para uso de sus grupos de reflexión internacionales. La presento aquí adaptada a los objetivos de este libro.

[9] MARCEL LÉGAUT, "Génesis de la vida espiritual". Entrevista 1990, *Cuadernos de la diáspora* 11 (nov 2000) 37-50.

esa experiencia interior en un modo de vida concreto fundamentado en el mandamiento de amor a Dios y al prójimo. En clave cristiana es el don del Espíritu el que unifica la dimensión interior y la exterior. Nada más práctico, pues, para un seguidor de Jesús que la vida espiritual y nada más espiritual que la propia vida entendida como historia de salvación.

Religiones y dimensión espiritual

Otra pregunta importante que podemos hacernos es si la dimensión espiritual es específicamente cristiana. La respuesta, por obvia, se nos olvida a veces. Por supuesto la dimensión espiritual está en la base de todas las religiones y todas proponen caminos para su desarrollo y crecimiento. Pero conviene recordar lo que hemos indicado anteriormente: se puede ser religioso y poco o nada espiritual del mismo modo que se puede ser nada religioso y muy espiritual.

"La vida espiritual no es específicamente cristiana. Diría incluso que muchos cristianos, por practicar su religión, se consideran dispensados de cultivar la vida espiritual. Ahora bien, si una vida espiritual que profundiza en sí misma, en unas circunstancias determinadas, penetra en la comprensión de ese hombre singular que fue Jesús hace veinte siglos, y, si esa vida espiritual –por así decir– queda transformada por ese encuentro en profundidad, de hombre a hombre, con Jesús, entonces, indudablemente, dicha vida espiritual debe considerarse como cristiana. Pero –insisto– se puede tener vida espiritual sin ser cristiano".[10]

---

[10] MARCEL LÉGAUT, art. cit.

- Nuestro acercamiento a la dimensión espiritual, que en este modelo de EI brota de la propuesta cristiana, incluye una comprensión universal de dicha dimensión no como patrimonio exclusivo de las religiones, pero nunca desvinculado de ellas.

Las religiones han hecho, y siguen haciendo, su peculiar aportación a la búsqueda de sentido de la existencia, pero no pueden pretender –si son fieles a su entraña y al mismo espíritu que las hizo nacer– acotar y cerrar la vivencia de lo espiritual a sus parámetros. Hacer tal cosa iría en contra de lo que las mismas religiones afirman y que no es otra cosa sino que el ser humano es espiritual. Si no lo podemos afirmar de todo hombre, de toda mujer, entonces tal afirmación es falsa.

Una mirada profunda y atenta al ser humano nos muestra que este continuamente da muestras de portar en sí tal dimensión espiritual. La identidad, la libertad y la responsabilidad son, a mi modo de ver, tres manifestaciones de la dimensión espiritual.

Identidad: el ser humano siempre en camino

El ser humano es el mamífero que nace más desvalido. Venimos al mundo sin estar formados del todo. El ejemplo más claro es el de nuestro cerebro: al nacer está inmaduro, sin terminar. Esto que sucede en el nivel fisiológico queda más patente aún en el nivel de lo que llamamos *identidad* personal.

La respuesta a la gran pregunta "quién soy yo" no llega nunca del todo. Nos pasamos una gran parte de la vida intentando crear nuestra identidad. Todos tenemos experiencia de lo terriblemente complejo que resulta poder decir quién se es, describirse. Experimentamos que en nosotros hay evolución, cambio. A poco despiertos que estemos hemos de reconocer que el paso de los años nos va haciendo cambiar de perspectiva en referencia a nuestra autoimagen y a la comprensión de la vida.

Así, el ser humano es una criatura en construcción. Aquello que denominamos "identidad personal" es algo en continua evolución. Pero, cuidado, decir que la identidad evoluciona no significa negar que cada uno de nosotros va llegando a pequeñas o grandes "síntesis vitales" en las que podemos encuadrar una u otra escala de valores, determinado posicionamiento ante el Absoluto, el conocimiento de una parte de nuestra psique (allí donde uno dice sin demasiado miedo a equivocarse "yo me conozco"), etc. Se trata de esa "toma de conciencia de sí mismo" a la que se refiere Marcel Légaut.

Tal toma de conciencia puede acontecer a lo largo de la vida de una forma fluida y sin estridencias. Pero no son pocos los hombres y mujeres que experimentan la irrupción de una nueva toma de conciencia de sí mismos a través de crisis existenciales provocadas por multitud de factores, a veces externos (enfermedades, rupturas afectivas, pérdidas...) o internos. Sean cuales sean esos factores el hecho es que quiebran el ser, afectan a la totalidad de la persona, tambalean los cimientos. Teilhard de Chardin llamará a esto "pasividades de disminución" que, a su vez pueden ser "pasividades externas" y "pasividades internas".[11]

Podemos decir que en la vida de toda persona hay una época para crecer y desarrollarse, época de construir el "yo", pero llega otra en la que toca dejarse "deconstruir",

---

[11] Para profundizar en este sugerente concepto recomiendo leer al propio TEILHARD DE CHARDIN, *El medio divino*, Trotta, Madrid 2008.

"des-hacerse". Condición indispensable para esta segunda fase en la vida es la receptividad.

"Abierto por obras"[12] sería el cartelito que debiéramos colgar en nuestro ser. Es la apertura la condición *sine qua non* para que pueda suceder en nosotros lo que debe suceder. Apertura a la vida que nos toca, que nos remueve, que nos convoca a través de los demás, cercanos o lejanos, íntimos o meros conocidos, a través de los acontecimientos agradables y desagradables, a través de las pequeñas y grandes cosas. En todo ello titilan los ecos luminosos de una dimensión interior, espiritual, que conjuga lo físico, lo psicológico y lo trascendental.

El vértigo de la libertad: ¿es el ser humano libre?

Los cristianos afirmamos que Dios nos ha creado libres. El relato de la caída en el libro del Génesis describe esta libertad sin ambages que hace que la criatura pueda ir en contra de su Creador quebrando la armonía inicial. Es quizá en esa construcción del propio ser, de la propia identidad, donde el ser humano experimenta más claramente el vértigo de la libertad.

Ciertamente hay elementos de la vida de una persona que no se pueden elegir: la familia en la que nacemos y crecemos en los primeros años de vida, el país y barrio, el tipo de educación, etc.; y no son precisamente elementos secundarios, sino que pueden marcar la trayectoria vital de una persona. Sin embargo, ¿no conocemos todos casos de personas que teniendo similares contextos vitales los articulan

---

[12] Remito a mi libro *Ser*, San Pablo, Madrid 2019, pp. 63-69.

de maneras bien diferentes? Lo que para uno es motivo de desestructuración, de amargura y dolor para otro puede convertirse en descubrimiento de otras posibilidades y en estímulo para otras opciones más positivas. He ahí la manifestación de la libertad humana.

Existen los condicionamientos, pero junto a ellos se erige la libertad de cada uno de nosotros. Terrible y misteriosa libertad que a unos lleva hacia un armonioso desarrollo y a otros hacia la pérdida del norte.

Con todo, cada persona acaba teniendo la experiencia de su libertad. Ese momento en el que sé que la decisión que yo tome la he de tomar yo y traerá unas consecuencias para mí y para otros.

- Solo si hay una verdadera toma de conciencia de sí mismo pueden el hombre y la mujer afrontar el don de la libertad haciendo un buen uso de él en pro del despliegue de su ser.
- Solo si hay una profunda toma de conciencia de sí podrá haber una toma de conciencia de los demás como "prójimos".

La inevitable responsabilidad

Y llegamos así al fruto de la libertad que no es otro sino la *responsabilidad*. Nos aterra la responsabilidad. Volviendo al relato de la caída recordemos que, ante la pregunta de Dios, el hombre culpará a la mujer y esta a la serpiente: una cadena de culpabilizaciones que pretende tan solo derivar la responsabilidad de las propias decisiones y actos en otro. En lenguaje coloquial hablamos de "echar balones fuera". Es algo que sabemos hacer muy bien.

El ser humano anhela ser libre, pero no asume fácilmente que tal libertad comporta una gran responsabilidad: mis decisiones conllevan consecuencias, fácilmente asumibles cuando son agradables para mí y para los demás, generalmente rechazadas en un primer momento cuando se trata de consecuencias negativas, en este caso rechazamos la responsabilidad personal.

• En la asunción serena y lúcida de que somos responsables de nuestro desarrollo personal y social brilla también el eco de ese "algo más profundo" a lo que llamamos dimensión espiritual.

La búsqueda de sentido

De nuevo una pregunta nos ayudará a adentrarnos en la reflexión: ¿Están relacionados el cultivo de la interioridad y la vida espiritual con la búsqueda de sentido?

Sin lugar a duda lo están, pero quizá sea conveniente intentar dibujar los contornos de lo que entendemos por "búsqueda de sentido".

Hablaremos aquí de búsqueda de sentido en su comprensión más amplia y fundante: se trata de la *búsqueda de sentido de la vida*. Y el sentido de la vida resuena en muchas de nuestras concreciones vitales: profesión, tipo de relaciones, pensamiento político, organización del día a día, etc.

Realmente todos buscamos, y hay una búsqueda común a todos: deseamos ser felices[13], en pro de ello hacemos o dejamos de hacer, optamos por esto o por aquello. Yendo

---

[13] Sobre la felicidad remito a mi libro *Ser*, o. c., pp. 42-56.

más allá, solemos describir la felicidad suprema como la experiencia de poder amar y de recibir amor. Con todo, al fondo se sitúa una llamada mayor:

- El ser humano precisa saber y sentir que su vida tiene un sentido, que está en este mundo por algo, que hay razones para vivir. Sin este sentimiento o esta certeza básica todo lo demás puede llegar a aparecer como inútil, "sin sentido".

Hay algo que nos hace necesitar encontrar un sentido a la vida y es la experiencia de nuestra finitud: moriremos, entonces... ¿qué sentido tiene la vida? Si todo termina, si nada hay que perdure, ¿qué sentido tienen mi existencia, o incluso la de mis seres queridos, y las acciones que emprendo?

- No existe tarea más compleja y desafiante que la de buscar el sentido de la propia vida.

Así en el contexto de la búsqueda de sentido donde el hombre y la mujer pueden despertar a la dimensión espiritual, pero también a la libertad y la responsabilidad.

- Puede educarse el interior de tal forma que este se encuentre preparado para escuchar ese anhelo y para afrontar esa búsqueda de sentido. En las religiones ha sido clave en este sentido el papel del *mistagogo*, es decir, de aquel que acompaña al que se inicia en el camino espiritual adentrándole en las experiencias necesarias para el progreso espiritual. Llegamos así a unos de los escollos de nuestro momento actual.

La aportación de la Educación de la Interioridad

Seguimos situándonos en el contexto histórico y social en el que se desarrolla nuestra reflexión y que no es otro que el de una mutación histórica.[14] Nuestros modos de vida han ido transformándonos en sociedades en las que sus ciudadanos dedican gran parte de su vida a *hacer* muchas cosas parar *tener* muchas cosas. El verbo *ser*, que es central en la configuración de la identidad personal, ha quedado desplazado. Incluso, aun cuando haya quien busque ese cultivo del ser, esto mismo se ha convertido en otro objeto de consumo. Casi todo termina convirtiéndose en objeto de consumo, en producto de mercado, incluido ahora mismo todo lo relacionado con el cultivo de la espiritualidad.

"Hay que ser conscientes del riesgo de corromper la espiritualidad y convertirla en una herramienta al servicio de la egolatría. En ocasiones, la meditación, la introspección o la contemplación son un ejercicio de autocentramiento narcisista o una oportunidad para desarrollar destrezas mentales. La espiritualidad o es humanizadora o no es auténtica".[15]

El hombre y la mujer contemporáneos deben poder recuperar su patrimonio interior, la tierra sobre la que construir el edificio personal y social, el subsuelo del que extraer los nutrientes que les permitan mantenerse en pie y avanzar. Por ese exilio hacia lo superficial, y hacia una vida plena de prisas y ruidos, nos sentimos con pocas herramientas para afrontar tal aventura vital.

---

[14] Recomiendo leer JAVIER ELZO, *Los jóvenes y la felicidad*, PPC, Madrid 2006.
[15] JOSEP OTÓN CATALÁN, o. c., p. 41.

- La EI en la escuela es el proceso a través del cual la comunidad educativa acompaña a los alumnos para conectar con la pregunta acerca de la identidad personal que irá apareciendo con diferentes enunciados y de forma creciente en su proceso evolutivo.
- Es por esta razón que la EI incluye técnicas que puedan favorecer la conexión amable y atenta con uno mismo.
- A la par todo cuanto configura el sistema de la EI, entendido como "aprender a ser cuidando el ser", comporta ayudar a crecer al alumno en libertad personal y en responsabilidad.

La concreción del modo en el que todo ello se trabaja lo veremos cuando afrontemos los objetivos y contenidos de la EI.

La Educación de la Interioridad como ejercicio de la razón poética [16]

María Zambrano utilizó el término "razón poética" para referirse al modo en el que ciertas experiencias humanas precisan del lenguaje poético para ser expresadas y comprendidas.

"El claro del bosque es un centro en el que no siempre es posible entrar; desde la linde se le mira y el aparecer de algunas huellas de animales no ayuda a dar ese paso. Es otro reino que un alma habita y guarda. Algún pájaro avisa y llama a ir hasta donde vaya marcando su voz. Y se la obedece;

---

[16] Este epígrafe recoge la reflexión presentada en el blog del II Encuentro Iberoamericano de Profesores de Religión (15-16 abril 2023) en el que tuve el honor de participar con una pequeña intervención sobre la EI.

luego no se encuentra nada, nada que no sea un lugar intacto que parece haberse abierto en ese solo instante y que nunca más se dará así. No hay que buscarlo. No hay que buscar. Es la lección inmediata de los claros del bosque: no hay que ir a buscarlos, ni tampoco ir a buscar nada de ellos. Nada determinado, prefigurado, consabido".[17]

Me permito exponer a continuación un conjunto de preguntas que están en la base del modelo de Educación de la Interioridad que propongo:

- ¿Es posible superar la razón discursiva del modelo de escuela de la Ilustración?
- ¿Podemos acompañar al alumno en el sí de la escuela para ir más allá de la mera introspección psicológica?
- ¿Podemos favorecer el despertar y el cuidado de una "razón poética" en nuestros alumnos?
- ¿No son las religiones y diversas espiritualidades nacidas en el seno de la humanidad una consecuencia de la "razón poética"?
- ¿Acaso la espiritualidad profunda que subyace en el núcleo incandescente de cada religión no es un modo poético de comprender la realidad?
- ¿Existe alguna relación entre la experiencia estética y la experiencia religiosa?

A mi modo de ver, la interioridad humana es ese "lugar" personal en el que cada ser humano lleva consigo la capacidad para ver más allá, de actualizar otros modos de comprensión de la realidad personal y social y de las cuestiones nucleares de la existencia. Cuando esa tierra interior se tra-

---

[17] María Zambrano, *Claros del bosque*, Alianza Editorial, Madrid 2019, p. 1.

baja, se cultiva, se cuida, brotan en ella las semillas de una mirada espiritual a modo de "razón poética" que aportan a la persona y, por ende, a la familia humana, claves vitales que alimentan no solo una mirada más aguda de la existencia, sino la posibilidad, entre otras, de desarrollar una ética del compromiso y cuidado de los demás y del mundo.

En los muchos dramas que la humanidad ha sufrido siempre han despuntado, en medio de ellos, personas que han brillado de un modo diferente: personas anónimas o reconocidas que han demostrado que el ser humano porta en sí una luz única, una capacidad de respuesta a los acontecimientos que enciende nuevos dinamismos, respuestas alternativas, incluso disruptivas. Hombres y mujeres que, guiados por su fe o por sus principios morales, o tan solo por la voz de su conciencia, han puesto de manifiesto la dignidad humana, su genuina libertad que le permite devolver bien por mal, dar la vida por otros o generar redes de ayuda y amor más allá de lo esperable en contextos de injusticia, dolor y violencia.

En el bosque a veces inhóspito de la existencia nos encontramos con pioneros y pioneras que señalan la existencia de claros en el bosque. Tales claros son esos espacios de verdadera humanidad en los que fluyen el amor, la justicia, la ayuda mutua, la ternura, la reflexión profunda, en definitiva, la cualidad humana profunda.

Estoy convencida de que en el centro de cada ser humano late esa razón poética que está esperando ser activada. Solo la razón poética llega a ciertas regiones del alma.

Todo ser humano lleva en sí un núcleo místico, es decir, un centro vital que, a modo de claro en el bosque, produce al despertarse una corriente de claridad, de lucidez, de amor que introduce a la persona en esa capacidad para "sentir y gustar" internamente, a la que alude Ignacio de Loyola.

Zambrano incidirá en la necesidad de la razón poética para poner palabras a lo vivido.

- Uniendo ambas aportaciones afirmamos que la Educación de la Interioridad como paradigma pedagógico puede favorecer ese aprender a actualizar la capacidad de "sentir y gustar internamente" que posibilita "empalabrar" la experiencia. Es ahí donde el concepto de razón poética que aporta Zambrano me parece de máxima actualidad y de urgente recuperación. Razón y poesía, pensar y sentir, vivir sabiendo dar razón de lo que se vive, permiten un mayor y mejor despliegue de la persona.

Por esa configuración natural del ser humano para captar lo profundo, la propuesta de EI que presento desea favorecer que los niños y adolescentes en el ámbito escolar vivan experiencias (metodología activa) y gesten reflexiones (poner palabra a lo vivido) que les permitan mantenerse abiertos a la trascendencia. Dicho de otra manera:

- La Educación de la Interioridad desea aportar el cultivo de la dimensión interior de todo ser humano como punto de partida para que pueda darse un encuentro fecundo y transformante con uno mismo, con los demás y, ojalá, con Dios.

Por ello, desde hace mucho tiempo, siento que aquello que María Zambrano describe como *razón poética* tiene mucho que ver con el horizonte hacia el que apunta la Educación de la Interioridad, entendida como "aprender a ser, cuidando el ser".

El cuidado del ser, de la cualidad profunda del ser humano, tiene que ver con poner en camino a la persona hacia ese "otro reino que un alma habita y guarda". En ese proceso, el educador ayuda al alumno a escuchar a ese "pájaro" que "avisa y llama a ir hasta donde vaya marcando su voz". En la pedagogía de san Juan Bautista de La Salle se diría que el profesor está llamado a "mover los corazones".

Aterrizando en el Evangelio diríamos que el educador, en el ámbito de la EI, es como Juan Bautista preparando los caminos. Aludiendo al Antiguo Testamento, el educador tiene mucho de Moisés, llamado a ser líder de un proceso arduo que nos pone en camino hacia una tierra prometida que llevamos dentro de nosotros. Y no puedo dejar de mencionar a Séfora y Fuá, las parteras egipcias que, yendo más allá de la ley injusta de Faraón, custodiaron la vida valientemente.

Respondo con certeza fundada que sí, es posible hoy, en el siglo XXI, siglo científico-técnico, acompañar a los niños y jóvenes en los centros escolares en esta aventura magnífica, potente, de *aprender a ser cuidando el ser*. Es posible favorecer que despierte en ellos y ellas esa razón poética que nos hace ver la realidad con los ojos del corazón, sabiendo dar razones de nuestra esperanza y poniendo a trabajar todas nuestras potencias y capacidades en pro del bien común de la humanidad.

Vivir la vida con plenitud: anhelo y deseo

Anteriormente he indicado que la EI propone los procesos teóricos y prácticos que puedan hacer crecer al alumno en identidad y sentido de la vida creciendo en libertad y responsabilidad.

Crecer en sentido nos hace vivir la vida con plenitud saliendo del territorio de la mediocridad que ya hemos mencionado. Y he aquí una cuestión que me parece clave como parte de una mejor comprensión de la EI desde el punto de vista antropológico: la diferencia entre el "deseo" y el "anhelo".

El jesuita Francs Jalics, en su libro *Jesús, Maestro de meditación*[18] señala una diferencia notable entre "deseo" y "anhelo". Para este autor y maestro espiritual, el deseo encuentra su origen en el ego y moviliza a la persona hacia metas tangibles que, una vez alcanzadas, darán origen a nuevos deseos. El deseo sirve al ego.

El anhelo, en cambio, brota en la hondura de la persona, más allá de las capas egoicas, y genera un dinamismo interno que impele a la persona más allá de las necesidades inmediatas. El anhelo se relaciona con lo espiritual y lo trascendente.

> "De un modo u otro, toda persona se pregunta por el Absoluto. Posiblemente, esa capacidad de interrogarse por la trascendencia sea una facultad innata que las religiones y las filosofías han intentado canalizar para calmar la inquietud que genera"[19].

Teniendo en cuenta esta distinción, podemos indicar que lo propio del deseo es la "totalidad" mientras lo propio del anhelo es la "plenitud"[20].

- Es la escucha de ese anhelo profundo lo que la EI quiere favorecer: aprender a escuchar más adentro para poder ir más allá del puro deseo.

---

[18] Publicado en PPC, Madrid 2015.

[19] JOSEP OTÓN CATALÁN, *Debir, el santuario interior*, Sal Terrae 2002, p. 100.

[20] La diferencia entre estos dos términos la abordo en *Ser*, o. c., pp. 30-33.

Por esa razón, y como iremos desgranando en las siguientes páginas, la EI no puede pivotar tan solo sobre lo relacionado con la reducción de los niveles de estrés o poner el acento únicamente en el autoconocimiento, todo lo anterior debe proponerse en equilibrio con el mundo relacional del alumno y con propuestas que favorezcan el cultivo de su inteligencia moral.

Del mismo modo, la EI quiere acompañar el descubrimiento del anhelo personal de cada alumno porque es ahí donde encuentra mayor sentido la orientación laboral posterior entendida esta como vocación.

LA PEDAGOGÍA DE DIOS EN LA BIBLIA: FUNDAMENTACIÓN CRISTIANA DE LA EI

"Redescubrir la «esencia exodal» porque en el presente, aún más que en el pasado, el asunto central es salir de Egipto y pasar a través del mar Rojo para encontrar pueblos extranjeros, para inventar, innovar y avanzar despojado sobre un camino desconocido, en búsqueda de algo nuevo posible".[21]

No pocas veces el verdadero camino hacia lo profundo comienza con una crisis o un dolor hondo, quizá porque como los discípulos de Emaús somos torpes para entender y un tanto sordos a la voz de nuestro interior y, claro está, a la voz de Dios.

Sea como sea, no puede haber una vida auténtica si no nos ponemos en camino hacia la tierra prometida que llevamos dentro. Por eso, para señalar algunas de las claves de este éxodo interior me inspiraré en la peripecia de los hebreos, en su salida de Egipto y su llegada a la Tierra Prometida. Este éxodo exterior es tan solo la cara visible de un camino interior mucho más hondo, y es que mística y liberación van de la mano.

Este comentario no pretende ni mucho menos ser una exégesis de un texto que llega hasta nosotros tras siglos de elaboración. Simplemente dejaré que algunos de los elementos del éxodo de Israel inspiren nuestra reflexión acerca del camino hacia el interior de uno mismo, desde la certeza de

---

[21] GABRIEL RINGLET, *L'évangile d'un libre penseur, Dieu serait-il laïque?*, Albin Michele, París 2002 (citado en el PEG).

que ello nos preparará para vivir el encuentro con el prójimo y con entraña de misterio la existencia.

El primer dato que encontramos es el de un grupo de tribus que, habiéndose establecido en Egipto de la mano de José, han crecido de tal manera que su auge espanta al faraón. Esas tribus encontraron en Egipto un refugio y un lugar de abundancia para dejar atrás la hambruna que les asolaba.

• He aquí un primer dato que considero importante para proponer los procesos de EI: hay elementos de nuestra vida que comienzan siendo buenos para la persona y que, con el paso del tiempo, pueden transformarse en cadenas que nos esclavizan.

Fijémonos ahora en el faraón. Él representa la manifestación del deseo de control del ego, del *ego inmaduro*. Si somos sinceros, en todos nosotros hay un pequeño faraón que quiere tenerlo todo bajo control, que teme las novedades, que no acepta que las cosas cambien o que desea tener todo y a todos bajo su poder. Cuando nos situamos ahí nos resulta imposible reconocer a los demás y menos aún la presencia de Dios.

• Cuando nuestro pequeño *faraón-ego* percibe amenazada su seguridad, siente miedo y no ve más allá de sí mismo. Nuestro corazón se endurece como se endureció el corazón del faraón.

Primero somete a los hebreos a una dura esclavitud e intenta incluso acabar con la vida pujante de esos hombres y mujeres ordenando la muerte de los primogénitos varones. Después, mientras Moisés realiza ante él grandes signos y prodigios, se mantiene obcecado hasta el momento de la muerte de su propio primogénito.

- Es decir, el *ego inmaduro* prefiere la esterilidad a la novedad, prefiere cerrar caminos en lugar de abrirlos con tal de mantener aquello que le confiere seguridad.

Así pues, encontramos un pueblo esclavizado que clama por su liberación. Ese clamor nos sugiere que:

- Ciertamente nadie se deja adentrar en los caminos de la liberación si antes no se siente esclavo de algo.
- Solo buscaremos una tierra prometida si reconocemos esta tierra que habitamos ahora, el territorio del ego, del yo inmaduro, como algo que nos oprime, que nos limita.
- Dentro de cada uno de nosotros hay un *ego-faraón* que oprime y coarta la vida que quiere nacer en nuestro interior. Pero también hay un "pueblo" que clama por la libertad, a veces sin que nosotros mismos seamos conscientes.
- Cuando se da ese "clamor interno" por la libertad, el ego se cuestiona a sí mismo y entonces puede despertar a la energía y luz de nuestra esencia y de Dios.

Dios escucha, siempre escucha

El clamor del pueblo no se pierde en el vacío. La escucha de Dios es plena. Dios *ve, escucha* y *conoce*: "Yahvé le dijo: he visto la aflicción de mi pueblo en Egipto, he escuchado el clamor ante sus opresores y conozco sus sufrimientos" (Ex 3,7). La mirada de Dios penetra hasta el fondo del ser escuchando lo que incluso nosotros mismos no sabemos decir y lo que nadie sabe escuchar. Dios nos conoce. Porque Dios nos conoce, su respuesta resulta paradójica: a un pueblo que anhela la libertad le ofrece un camino de 40 años por el desierto. Él *ve, escucha y conoce* el corazón humano.

- La liberación nunca será total sin un cambio personal. Es preciso un proceso como individuos y como pueblo.

Por ello Dios da al pueblo, antes que nada, un líder que ha vivido ya un camino interior de liberación de las trampas del ego: Moisés. Aquel que ha vivido en la corte del tirano. Aquel que, llevado por su rabia, asesina a un egipcio que maltrataba a un hebreo. Aquel que huye de la ley, aquel mismo es elegido por Dios para ser el libertador del pueblo elegido.

- ¡Cuántas veces pretendemos acompañar a otros sin haber transitado los caminos interiores de veras! ¡Cuántas veces creemos que Dios se fija y elige lo bello, lo santo...! Nuestra mente nos impide ver la totalidad: en lo más pecador se esconde lo más santo, pero para descubrirlo hay que emprender procesos de conversión.

Moisés no es precisamente un dechado de virtudes. Imaginemos cómo debió sentirse tras matar al egipcio, el horror ante lo que lo que acababa de hacer, el pánico ante las consecuencias que reportaría el ser descubierto. Huye, algo muy humano, y su huida le llevará al desierto, allí por donde más tarde él deberá guiar a un pueblo quejica y asustadizo.

Imaginemos también el proceso interior que debió de vivir. Una vez que se casa y se establece como pastor con toda seguridad pasaría muchos días y muchas noches al raso cuidando del rebaño. Horas de silencio, de soledad. Horas en las que un hombre se encuentra consigo mismo sin máscaras, horas en las que se encuentra con su verdad, horas en las que aúllan los lobos interiores. Quizá fuera en aquellas horas de silencio y soledad en el desierto donde Moisés comenzara a perdonarse a sí mismo lo hecho. Esa soledad y la acogida cálida de su nueva familia serían con toda seguridad un bálsamo profundo para sus heridas personales. Y, así, llega un día en el que está preparado para una revelación única.

Fijémonos en los símbolos presentes en la revelación de Dios a Moisés: una zarza que arde sin consumirse. La zarza es una planta poco agraciada, no es hermosa ni decorativa y, además, pincha.

* Esa zarza tomada simbólicamente representa las zonas del interior de cada persona, que son feas, desagradables, que nos "pinchan" a nosotros y a los demás.

La zarza arde, pero no se consume.

* Dios se manifiesta en nuestra mayor debilidad, pero no la elimina, quizá para que no olvidemos ese barro frágil del que estamos hechos y dejemos así que emerja la verdadera humildad que, como decía Teresa de Jesús, no es otra cosa sino "andar en verdad", la verdad de saber que somos muy poquita cosa, pero muy amados.

Quizá esa fue la experiencia que movilizó a Moisés y le hizo capaz de ir al faraón abandonando la seguridad de su nueva familia: la experiencia de ser amado incondicionalmente, de haber sido perdonado, mirado con ternura, iluminado en sus tinieblas y confortado en su dolor.

Atravesar nuestras opacidades

Contemplamos ahora al pueblo ya en camino. Se adentran en el desierto y… ¡surge la queja! El deseo irrefrenable de volver atrás, la visión deformada fruto del miedo que hace creer que los ajos y las cebollas de Egipto son mejores que esta libertad recién estrenada que exige tanto esfuerzo. Dios sabe lo que hace, su pedagogía es de una sabiduría que escapa al ser humano.

- Atravesar el desierto podemos comprenderlo como la necesidad de transitar las zonas áridas y difíciles de mi ser, si de veras quiero ser auténticamente libre de las ataduras del ego.
- Todo aquello de mí que rechazo, que me es desagradable, incómodo, todo eso es lo que debo explorar, pero no solo, sino guiado por Dios y acompañado por mis hermanos que con su presencia me confrontan, me animan.

Será atravesando el desierto como el conjunto de tribus va forjando una conciencia de ser pueblo y, además, pueblo elegido. Pero ello sucede porque se arriesgan, porque van venciendo mil tentaciones y adversidades, puesto que caminar por el desierto es arduo.

El Paris-Dakar versus los tuaregs

Muchas veces vemos en los telediarios las imágenes de coches veloces, motos y camiones de gran tonelaje atravesando a toda velocidad el desierto en el famoso *rallye Paris-Dakar*. Nos parece una gran hazaña, pero comparémoslo con el paso lento de las caravanas de *tuaregs*, los *hombres de azul*. Los conductores del rallye disponen de mil barreras de protección entre el desierto y ellos: el coche o el camión o la moto que devora los kilómetros de dunas, y, en caso de accidente, la asistencia inmediata de sus equipos. Es lanzarse a la aventura con mil seguridades. Es devorar el camino sin contemplarlo, sin dejar que el desierto te descubra sus secretos, sin escuchar sus silencios ni captar sus matices. El *tuareg* vive el desierto, se hace amigo del desierto, conoce su belleza y sabe de sus trampas mortales, pero, como el Principito, también sabe que lo que hace al desierto tan bello es que esconde un pozo en algún lado...

- Nosotros podemos optar por atravesar la vida como un conductor de *rallye*, ajenos al paisaje, sin hacer camino al andar, sino devorando kilómetros a la espera de dejar atrás lo duro, siempre atentos al futuro, nunca en el presente, quizá huyendo del pasado... Vivir la vida como un conductor de *rallye* nos hace seres sin contacto profundo con los acontecimientos, con las personas.

- Podemos cumplir muchas normas, podemos elaborar muchos proyectos de todo tipo, si seguimos anclados en el *ego inmaduro*, todo serán parapetos protectores.

En cambio, el *tuareg*, las caravanas de camellos se hacen uno con el paisaje, quedan vulnerables, sí, pero comprenden el desierto, lo viven, los sufren y también lo disfrutan. Hace unos años vino a Barcelona por San Jordi un *tuareg* a quien entrevistaron en los medios de comunicación más importantes porque había escrito un libro. Una de sus frases se me clavó en el corazón: "Vosotros los occidentales tenéis relojes, nosotros los *tuaregs* tenemos tiempo".

Pozos en el desierto

Si como los *tuaregs*, o como los israelitas, nos dejamos adentrar en el desierto, descubriremos que siempre esconde pozos de agua fresca, como afirma Saint Exupéry en *El Principito*. La persona que transita los caminos de su interior de la mano de Jesús, en abandono confiado al Padre/Madre que sabe lo que necesitamos, abiertos a la fuerza vivificante del Espíritu, experimenta milagros, es decir, a ella no le falta nada, Dios se hace Providencia: el camino cerrado se abre, sale agua de la roca, hay alimento abundante. Al pueblo le fue mostrado que solo saliendo de la esclavitud se manifiesta la pujanza, la exuberancia de la vida.

No obstante, todo ello no quiere decir que desparezcan las dificultades, los cansancios, las desorientaciones. Nuestro *ego inmaduro* siempre se queja, siempre estará intentando sobrevivir y, para ello, creará dramas o se camuflará de mil maneras con tal de que no demos el paso siguiente hacia la verdadera libertad que nos conecta con nuestra esencia, que permite nacer al hombre y la mujer nuevos.

Siempre hay pozos en el desierto. "Al caer, al levantarnos, siempre estamos protegidos en un único amor", afirma en el siglo xiv Juliana de Norwich. "Si la confianza del corazón estuviera al inicio de todo, tú llegarías lejos, muy lejos". dice en uno de sus diarios el Hermano Roger de Taizé. Todos los hombres y mujeres que han permanecido fieles a la llamada de su esencia, del anhelo, todos los que han permitido el nuevo nacimiento de lo alto, han atravesado sus opacidades, sus desiertos y han descubierto que allí mismo está Dios acompañando.

• Salir al desierto es ir hacia la vida atravesando una aparente muerte. Y es que siempre vamos de nacimiento en nacimiento y no faltan pozos de aguas cristalinas en el camino, es más, el manantial lo llevamos dentro, como Jesús descubrió a la samaritana.

Solo aprendemos si "nos pasan cosas"

Otro de los rasgos importantes que encontramos en la respuesta de Dios al pueblo es que la comprensión de quién es Dios y de quiénes son ellos se hace en la experiencia del camino, del peregrinaje.

Una vez que los israelitas pueden salir de Egipto, comienzan a vivir las peripecias de un largo camino. Se nos dice que Israel anduvo por el desierto *cuarenta años*. Pensemos en la esperanza de vida actual. Se sitúa en torno a los ochenta y cinco años. De tal forma que, hacia los cuarenta años de edad, los psicólogos afirman que se da en la persona la emergencia de una crisis a la que se conoce como "la crisis de la mitad de la vida o crisis existencial". En el terreno espiritual se habla de la tentación del "demonio meridiano"; así lo define Evagrio Póntico refiriéndose a su presencia en la vida del monje:

> "El demonio del mediodía «le inspira aversión por el lugar en que se encuentra, por su estado de vida, por el trabajo manual y, más aún, le hace creer que la caridad entre los hermanos ha desaparecido, porque no hay ninguno que le consuele. (…) Lo lleva entonces a desear otros lugares donde encontrar fácilmente lo que necesita y ejercer un oficio menos fatigoso y más rentable. (…) Le hace ver la larga duración de la vida poniendo ante sus ojos las fatigas de la ascesis; en resumen, emplea todas sus energías en conseguir que el monje abandone su celda y se aleje del lugar del combate".

Ese "demonio meridiano" provoca en el monje la denominada "acidia", es decir, desgana y flojera. Esto que se dice del monje es aplicable a nuestras vidas, a las de todos. Podemos sentir esa acidia también en la mitad de la vida. Así, en torno a los cuarenta o cincuenta años, no pocas personas sienten una sorda o clara insatisfacción, se preguntan qué les queda por hacer, dónde están los sueños de juventud, qué sentido tiene su vida ahora que más o menos todos los proyectos vitales de antaño están afianzados, etc. De todo ello podemos extraer una consecuencia: llegar a la Tierra Prometida de nuestro interior, vivir la experiencia de la manifestación de nuestro ser profundo no es algo que se geste en unos pocos años, generalmente se necesita la mitad de la vida para comenzar a comprender, para despertar.

- Ese despertar puede tener como punto de inflexión una profunda crisis causada por elementos externos, tales como una enfermedad, una pérdida, o quizá simplemente una sensación de vacío o de desánimo (acidia) que nos pondrá en camino hacia nuestro interior más profundo.
- Dios pone a los israelitas en camino. Dios nos pone en camino: la vida es ese regalo que nos da para desplegar nuestra esencia, pero ese despliegue no acontece sentándose a pensar o esperar, tiene lugar en el camino, allí donde "nos pasan cosas", donde la vida nos afecta a través de mil acontecimientos.

Pero... ¿y si el caminante se hace sedentario?

Al poco de salir de Egipto el pueblo ya se está quejando y echando de menos los ajos y las cebollas de Egipto. Frente a la fidelidad de Dios hallamos la infidelidad del pueblo. Frente a la firmeza de su opción por Israel, asistimos a las continuas dudas de aquellos hombres y mujeres que, sin embargo, habían sido testigos de prodigios innumerables de parte de Dios.

Y es que el *ego inmaduro* se resiste a morir y nos nublará la vista y el entendimiento siempre que pueda. Ya podemos caminar de la mano de Moisés y ver abrirse el mar ante nosotros, ya podemos ser discípulos de Jesús y ver sus milagros, gozar de su presencia única, que nuestras barreras se levantarán una y otra vez a la menor contrariedad. El tesoro de la fe lo llevamos en unas vasijas bien débiles y quebradizas.

- El tesoro de la vida tantas veces nos pasa desapercibido y buscamos fuera la belleza que en realidad llevamos dentro.

Sillas confortables en el camino

Al caminante le asaltará continuamente la tentación de sentarse y descansar. Siempre hay una silla en el camino que nos invita a detener la marcha. Esa silla puede ser la "silla del miedo", la "silla de la eterna duda", la "silla del ya he caminado suficiente", la "silla de la decepción", la "silla del perfeccionismo", la "silla del con-lo-bien-que-se-está-así" o la silla de la tradición ("siempre lo he hecho o se ha hecho así, no cambiemos"), y tantas sillas más que pretenden que no avancemos, que no dejemos atrás etapas y no nos abramos a la novedad, a la intemperie del camino.

- Deberemos estar atentos a cuáles son las sillas que pretenden aquietar la vida del Espíritu que sigue soplando.

Jesús, el desvelamiento de Dios

Tras el periplo por el desierto, Israel contempla la Tierra Prometida. Moisés muere sin entrar en ella. Había sufrido la impertinencia del pueblo, había sido fiel a su misión y no entra en la Tierra.

- Es importante no pretender ser siempre quien esté al frente de todo, no adueñarnos de un liderazgo que, realmente, pertenece solo a Dios. Él sabe los momentos, él conoce los caminos mejor que nosotros.

El pueblo ha llegado y se establece. Con el paso del tiempo edificará un hermoso Templo en el que, en su zona central se halla el *Debir*[22], el Santo de los Santos, la morada de Dios con el pueblo. Para los judíos de Jerusalén allí, y en ningún otro lugar, está Dios.

El *Debir* se encontraba separado del resto del Templo por un velo. En ese camarín sagrado tan solo podía entrar el Sumo Sacerdote una vez al año en la fiesta del Yom Kipur o día del perdón.

Será Jesús quien rompa este velo divisorio entre Dios y el hombre y, por lo tanto, entre los propios seres humanos. Jesús al morir entrega todo en manos de Dios, del Abbá. En ese momento de su muerte, los sinópticos nos dicen que el velo del templo se rasgó de lado a lado. Imponente imagen.

Lo que separaba, lo que velaba la presencia de Dios queda roto en Jesús, el Divino-humano, el hijo de Dios. En él, el perdón de Dios llega y se da a todos. Jesucristo nos descubre que el corazón de cada persona es el *Debir* de Dios, su templo más sagrado.

Dios desea volcar su amor en nuestros corazones, vaciarse en nosotros, pero previamente nosotros debemos vaciarnos de nosotros mismos, de nuestro ego, de la "parte mediocre del alma" que teme a Dios más que a cualquier cosa.

---

[22] Recomiendo leer *Debir, el santuario interior*, de JOSEP OTÓN, Sal Terrae, Bilbao 2002.

- El éxodo interior (y a veces exterior) es el que nos conduce desde el atrio de nuestro ser hacia su *Debir*. Jesús y el Espíritu nos conducen más allá, siempre más allá...

Educación de la Interioridad y Pastoral

Todo el desarrollo anterior nos remite tanto a los procesos de Pastoral escolar como de Educación de la Interioridad. Una de las grandes cuestiones que surgen en un colegio cristiano que pone en marcha un proyecto de EI es cómo relacionar esta con la Pastoral.

En una escuela cristiana ambos proyectos, EI y Pastoral, deben apuntar en una misma dirección: ayudar a crecer en armonía. ¿Cómo puede la EI apoyar al proyecto de Pastoral?

- Favoreciendo la apertura a la trascendencia de los alumnos de múltiples maneras.
- Acercando a los alumnos al lenguaje simbólico.
- Alimentando y potenciando la inteligencia espiritual de los alumnos.
- Haciendo perder el miedo a los educadores al hecho de "salirse" del guion de una clase para dedicar tiempo y creatividad a generar espacios de escucha y acompañamiento del ser interior de los alumnos.
- Generando un lenguaje y unas experiencias que, respetando las diferentes sensibilidades religiosas de los alumnos, les familiarice con el respeto e interés por el hecho religioso.
- Proponiendo experiencias de silencio profundo y natural que favorezcan, en los alumnos creyentes, el gusto por la oración, y en aquellos no creyentes, el gusto por la meditación y el cultivo de la espiritualidad.

- Ayudando a los alumnos y educadores a perder el miedo al misterio, a todo aquello que en la vida no puede ser medido ni explicado ni manipulado. En ello se haya el germen para poder acercarse respetuosamente al misterio de Dios.

¿Cómo puede visibilizarse la interrelación entre EI y Pastoral?

Generalmente en los equipos de Pastoral hay personas con una especial sensibilidad, creatividad y formación. Suelen ser estas personas las que dan la "alarma" de la necesidad de educar la interioridad. Será necesario que alguien del equipo de Pastoral forme parte de los procesos de creación del proyecto de EI.

Una vez que el proyecto está completado y el equipo de EI formado, lo normal sería que ambos equipos, el de EI y el de Pastoral, se reúnan las veces suficientes para comprobar la marcha del proyecto, las acciones conjuntas que pueden llevarse a cabo y los apoyos mutuos que pueden y deben darse.

Un ejemplo: alguien del equipo de Interioridad puede asistir a las convivencias cristianas del colegio para dinamizar alguna actividad en concreto o, si esto no pudiera ser, participar en la creación de la convivencia y/o retiro. Igualmente, personas del equipo de Pastoral pueden revisar las actividades que se proponen en EI para asegurar que la apertura a la trascendencia se trabaja convenientemente y también participar en algunos talleres.

- La relación entre las personas de ambos equipos, EI y Pastoral, será imprescindible e irrenunciable si queremos que todo confluya de forma armónica en una buena educación del ser interior de los alumnos.

- La colaboración estrecha entre ambos proyectos, entre ambos equipos, será una de las formas de hacer visible que educar la interioridad y anunciar el Evangelio de Jesucristo jamás están reñidos ni se oponen, antes bien, una escucha atenta del Evangelio debe llevarnos a ofrecer las raíces de humanización del mensaje y la vida de Jesús a todos de manera generosa y creativa.

El trasfondo de esta propuesta de EI es el de un paradigma pedagógico afincado en el humanismo cristiano.

Entendemos la interioridad como una dimensión antropológica común a todo hombre y mujer, pero que en el ámbito de una escuela cristiana debe ser fiel a la antropología cristiana que contempla al ser humano como "capax Dei". Por lo tanto, será necesario velar por:

- Cuidar que la espiritualidad cristiana esté presente en la formación del profesorado.
- Como seguidores de Jesús no podemos identificar el proceso de vida interior en un mero "estar bien", "bajar los niveles de estrés", "mejorar la capacidad de atención y presencia" sino que, siendo todo ello muy bueno y necesario, es un primer escalón en un proceso mucho más profundo.
- La mejora personal jamás puede estar desligada de la relación con los demás y con el mundo.

Son estas algunas de las cuestiones que aluden al "trasfondo" que da origen a la EI. Todo cuanto cambiemos en esa lectura de fondo, cambiará lo que acabemos proponiendo al alumnado de nuestros centros.

Por esta razón es tan vital que antes de comenzar a hacer nada en el aula, los educadores profundicen al máximo en los presupuestos antropológicos, sociológicos y pedagógicos, y en el ámbito de la escuela cristiana será un reto ineludible afrontar el estudio y la reflexión de la teología de la que hacemos brotar el itinerario de EI que deseamos para nuestros centros.

Deberemos, por ello, poner a funcionar al máximo nuestra inteligencia y creatividad para acercar estos temas, antes para unos pocos, a todo el claustro educativo. Será seguramente, en no pocos colegios, un camino de reevangelización del propio profesorado. Un reto del siglo xxi para la escuela católica.

UNA MIRADA A LAS AULAS: ALGUNAS CLAVES PEDAGÓGICAS

"Hoy más que nunca, es necesario unir los esfuerzos por una alianza educativa amplia para formar personas maduras, capaces de superar fragmentaciones y contraposiciones y reconstruir el tejido de las relaciones por una humanidad más fraterna".[23]

Me fijaré en el contexto educativo europeo en el que percibimos una crisis del sistema educativo moderno. El tema de la formación de los ciudadanos ha ocupado el debate público, continúa presente en él, y es motivo de atención por parte de todos los sectores sociales. Esta preocupación está más que justificada por el desajuste, cada vez más patente, del sistema educativo de los distintos países con las nuevas exigencias educativas y formativas de una sociedad cambiante.

"Europa y la UE viven un período de cambios importantes: cambios que afectan a todas las dimensiones de la sociedad y, por lo tanto, también a la educación. No se trata de una crisis más. No es más de lo mismo, sino un proceso de transformación profunda. La educación en Europa atraviesa por un período de tensiones e incertidumbre. A lo largo de la historia siempre ha habido cambios; lo que sucede ahora es que el cambio ha de ser necesariamente el nuevo eje vertebrador de cualquier proceso educativo, evitando lo que algunos autores han denominado como «arteriosclerosis académica». Y

---

[23] Mensaje del papa Francisco para el lanzamiento del Pacto Educativo Global.

ante tales cambios sociales, económicos, demográficos, tecnológicos, laborales, etc., Europa necesita nuevas respuestas educativas". [24]

Hablar de "crisis", al referirnos al sistema educativo moderno, significa reconocer que estamos en el momento oportuno para discernir los cambios necesarios y, a través de una toma de decisiones, realizar una criba de todo aquello que percibimos como no significativo o incluso como lastre para la educación del siglo XXI, potenciando todo lo que, antiguo o nuevo, favorezca una educación integral.

Eso que sucede en la sociedad tiene su reflejo en las aulas y actualmente, en el contexto educativo, la educación emocional, el *mindfulness* y la educación de la interioridad son ya "viejos conocidos". No obstante, estos tipos de técnicas y de propuestas han pasado de parecer algo "extraño" a convertirse en una verdadera "moda".

En lo referente a la Educación de la Interioridad hace que bajo ese título quepa de todo y, a mi modo de ver, de un modo a veces un tanto desordenado. Se ha llegado a identificar la EI tan solo con las técnicas que trabajan la relajación y la calma. Estas técnicas aun siendo atractivas no me parece que sean las más centrales. Es indispensable proponer un proceso que equilibre la introspección y el autoconocimiento con el mundo relacional y el compromiso ético. Lo iremos viendo a lo largo de la descripción de los objetivos de este modelo de EI.

---

[24] JOAQUIM PRATS Y FRANCESC RAVENTÓS (directores), *Los sistemas educativos europeos ¿Crisis o transformación?*, Fundación "la Caixa", colección estudios sociales, n.º 18, Barcelona 2005.

La clave de bóveda del proceso: mística del educador

"No podéis preparar a vuestros alumnos para que construyan mañana el mundo de sus sueños, si vosotros ya no creéis en esos sueños; no podéis prepararlos para la vida, si no creéis en ella; no podríais mostrar el camino, si os habéis sentado, cansados y desalentados en la encrucijada de los caminos" (Célestin Freinet).

Esta cita del maestro y pedagogo francés Célestin Freinet (1896-1966) pone la atención sobre algo que es de capital importancia en la vida de un colegio: cada maestro, cada maestra es, lo quiera o no, *modelo para sus alumnos*.

"El ejemplo produce mucha mayor impresión, mucho mayor que las palabras en la mente y en el corazón principalmente de los niños... Se inclinan más a hacer lo que ven en ellos que lo que oyen decir".[25]

Hoy, de una forma acuciante, urge regresar a una *mística del educador*, es decir, necesitamos revisar y enamorarnos de aquellas cuestiones que son el sustento de la vocación educativa.

Son varios los autores que mencionan la "mediocracia" como una realidad de nuestras sociedades, es decir, el gobierno de los mediocres y para los mediocres. Se compara esa mediocridad, que hoy abunda en muchos órganos de gobierno en todos los ámbitos, con un sándwich mixto, el de jamón y queso de toda la vida, que ni es malo ni es exquisito, es bueno, está bien y nos saca de muchos apuros.

---

[25] LA SALLE, *Meditación para los días de retiro* (Med. 202.3,1).

Leyendo esa descripción de lo mediocre, de lo que no es ni demasiado "malo" ni excesivamente brillante, me parecía descubrir que esa mediocridad corre el riesgo de colarse en nuestros colegios y, sobre todo, en la concreción de las propuestas de EI.

En un entorno que premia la mediocridad, es necesario que los docentes sean personas con capacidad de soñar, de imaginar, de ilusionarse, aunque el cansancio hunda un poco las ganas. En la sociedad del "sándwich mixto" nuestros niños y jóvenes necesitan presencias en sus vidas que estimulen las ganas de conocer, de saber y, más aún, que despierten en ellos y ellas preguntas acerca de su identidad, del sentido de la vida y del lugar del prójimo en ese proyecto vital.

Por ello necesitamos educadores y educadoras vitales (que no es sinónimo de "jóvenes"), personas enamoradas de la vida y conocedoras de los ritmos vitales, de las tempestades y calmas chichas, de las luces y sombras, porque solo así proveerán a sus alumnos de la capacidad de trazar sus propios mapas de vida más allá de lo meramente laboral.

- Es indispensable que el maestro, la maestra, cuide su vida interior para no dejar de brillar. Nuestros niños, adolescentes y jóvenes necesitan verdadera excelencia humana en un mundo tan "mediocre".

Alain Deneault, filósofo y profesor de Sociología en la Universidad de Quebec y autor de *Mediocracia, cuando los mediocres llegan al poder*[26], afirma que "la mediocracia nos anima de todas las maneras posibles a amodorrarnos antes

---

[26] Editado por Turner Publicaciones S.L., Madrid 2019.

que a pensar, a ver como inevitable lo que resulta inaceptable y como necesario lo repugnante".

Llegados a este punto de la reflexión, te ofrezco algunas preguntas para tu reflexión personal:

- ¿De qué modos concretos cuidas tu vida interior? Anota lo que de verdad haces, no lo que entiendes que deberías o sería bueno que hicieras.
- ¿Cuál ha sido el último libro sobre fe o espiritualidad que has leído? ¿Qué te aportó?
- ¿Cuál ha sido el último libro y/o el último curso de reciclaje formativo que te ha aportado algo concreto en tu labor docente? ¿Cuál ha sido ese aporte?
- ¿Dedicas tiempo de calidad durante la semana a la meditación o a la oración personal? ¿Cuánto? ¿De qué modo?
- Si no dedicas tiempo a la meditación o a la oración personal ¿qué razón real hay para no hacerlo? ¿Podrías intentar incluir ese hábito en tu vida? ¿Cómo?
- ¿De qué modo preparas tus clases (con calma y tiempo, atropelladamente, con prisa, cansado…)? ¿Podrías encontrar un modo para poder disfrutar en el proceso de preparación de tus clases?
- Con total sinceridad: ¿qué hace que sigas siendo educador, educadora? ¿Cuál es tu motivación principal?

LA EDUCACIÓN DE LA INTERIORIDAD Y EL PACTO EDUCATIVO GLOBAL[27]

"Cualquier cambio requiere un itinerario educativo, para construir nuevos paradigmas capaces de responder a los desafíos y emergencias del mundo contemporáneo, para comprender y encontrar soluciones a las exigencias de cada generación y para hacer florecer la humanidad de hoy y de mañana [...] Creemos que la educación es una de las formas más efectivas de humanizar el mundo y la historia".[28]

El papa Francisco lanzó el 12 de septiembre de 2019 "la invitación para dialogar sobre el modo en el que estamos construyendo el futuro del planeta y sobre la necesidad de invertir los talentos de todos, porque cada cambio requiere un camino educativo que haga madurar una nueva solidaridad universal y una sociedad más acogedora".

La Educación de la Interioridad, como proceso escolar de *aprender a ser cuidando el ser*, se encuentra totalmente alineada con los objetivos del Pacto Educativo Global, que busca "reavivar el compromiso por y con las jóvenes generaciones, renovando la pasión por una educación más abierta e incluyente, capaz de la escucha paciente, del diálogo constructivo y de la mutua comprensión".

Si como se afirma en la explicación del PEG, "se trata de unir los esfuerzos por una alianza educativa amplia para

---

[27] Para este epígrafe, utilizaré el *vademécum* de la web del PEG. Con el fin de no multiplicar en exceso las citas refiero a este documento como fuente de la reflexión: <https://www.educationglobalcompact.org/resources/Risorse/vademecum-espanol.pdf>.

[28] PAPA FRANCISCO, 15 octubre 2020.

formar personas maduras, capaces de superar fragmentaciones y contraposiciones y reconstruir el tejido de las relaciones por una humanidad más fraterna", el conjunto de
objetivos, contenidos y metodología propia de este modelo
pedagógico se alinea totalmente con los objetivos del PEG.

"Desde el convencimiento de que somos «uno», uno de
los objetivos principales de la educación de la interioridad
como paradigma pedagógico es proponer a los alumnos y a
la comunidad educativa las experiencias y reflexiones que favorezcan que seamos cada vez más capaces de tejer entre todos y todas, con mayor esmero y mayor conciencia, ese «tejido» social que ampare a los desamparados, que aúpe a los
caídos, que genere inclusión".[29].

En primer lugar, señalo cuáles son los puntos de la introducción del PEG en los que confluyen con más claridad el
PEG y la EI:
PEG: "Vivimos un cambio de época: una metamorfosis
no solo cultural sino también antropológica que genera
nuevos lenguajes y descarta, sin discernimiento, los paradigmas que la historia nos ha dado".
EI: El despliegue de la EI tiene en cuenta que vivimos
en una sociedad en mutación y que, por ello, es preciso
encontrar los lenguajes más significativos para favorecer
un aprender a ser persona en el alumno que le despierte
al deseo de vivir la unidad con los demás, con el mundo
y con Dios o el misterio.
Esos lenguajes más significativos son precisamente los
propios de las tradiciones religiosas y sabias de la humani-

---

[29] ELENA ANDRÉS, *Pioneros de un mundo inédito,* o. c., p. 19.

dad. El lenguaje del silenciamiento, de la escucha atenta de uno mismo, de los demás y de la profundidad de la vida. El lenguaje de nuestra corporalidad, el del arte, la capacidad contemplativa, etc.

PEG: "La educación afronta la llamada rapidación, que encarcela la existencia en el vórtice de la velocidad tecnológica y digital, cambiando continuamente los puntos de referencia".

EI: todas las propuestas prácticas de la EI tienen como eje el autoconocimiento y la relacionalidad generando momentos de calma, de pausa para una verdadera interiorización sosegada que haga nacer interrogantes en el alumno.

La búsqueda de respuestas a los interrogantes profundos lleva a la persona progresivamente a ir encontrando en su interior puntos de referencia y anclajes existenciales junto con una comprensión de las relaciones humanas que aportan mayor sensación de enraizamiento en la existencia.

PEG: "En este contexto, la identidad misma pierde consistencia y la estructura psicológica se desintegra ante una mutación incesante que «contrasta la natural lentitud de la evolución biológica» (Carta encíclica *Laudato si'* 18)".

EI: De nuevo, la aportación el EI a este respecto es crear espacios donde el ritmo diario de los alumnos, y de los propios educadores, pueda refrenarse, aquietarse. Espacios para acallar la multitud de voces externas y así poder escuchar la voz interior.

La EI parte de una antropología que tiene en cuenta que los procesos de madurez humana son lentos y precisan de calma, de escucha, de pausas. Desde la EI emitimos nuestro propio "elogio de la lentitud".[30]

---

[30] Tomo prestado el título del famoso libro de CARL HONORÉ que ha sido el punto de apoyo del movimiento "slow".

PEG: "Hemos de dar consistencia a la identidad de cada persona, cuidando todas sus dimensiones, consolidando su estructura psicológica, evitando así que se fragmenten o desintegren frente a un cambio incesante y rápido".

EI: Enunciamos como primer objetivo el de favorecer la unificación de las dimensiones de la persona: cuerpo-mente-corazón y exterioridad-interioridad.

Los objetivos del PEG y la EI

El PEG señala siete objetivos como núcleo de su propuesta:

1. **Poner la persona en el centro:** Contra la cultura del descarte, poner en el centro de todo proceso educativo a la persona para hacer emerger su especificidad y su capacidad de estar en relación con los demás.

2. **Escuchar a las jóvenes generaciones:** Escuchar la voz de los niños, adolescentes y jóvenes para construir juntos un futuro de justicia y de paz, una vida digna de toda persona.

3. **Promover a la mujer:** Favorecer la plena participación de las niñas y las jóvenes en la educación.

4. **Responsabilizar a la familia:** Ver en la familia al primer e indispensable sujeto educador.

5. **Abrirse a la acogida:** Educar y educarnos en la acogida, abriéndonos a los más vulnerables y marginados.

6. **Renovar la economía y la política:** Estudiar nuevas formas de entender la economía, la política, el desarrollo y el progreso, al servicio del hombre y de toda la familia humana en la perspectiva de una ecología integral.

7. **Cuidar la casa común:** Custodiar y cultivar nuestra casa común, protegiendo sus recursos, adoptando estilos de

vida más sobrios y apostando por las energías renovables y respetuosas del medio ambiente.

Veamos de qué modo estos objetivos están presentes en las propuestas y el desarrollo de la EI. Evidentemente, todo cuanto se explica en las páginas de este libro está totalmente en línea con el PEG, la tabla que ofrezco a continuación tan solo tiene por objeto señalar con claridad algunos de los puntos de encuentro entre la EI y el PEG.

OBJETIVOS DEL PACTO EDUCATIVO GLOBAL	OBJETIVOS Y CONCRECIONES METODOLÓGICAS DE LA EI
Poner la persona en el centro	**Aprender a ser cuidando el ser:** poner el ser en el centro de la vida escolar. Los dos **objetivos generales** de la EI aluden a aprender a cuidar cada uno de sí mismo y al cuidado de los demás: – Unificación de las dimensiones de la persona. – Construcción de la unidad con los demás, con el mundo y con Dios/Misterio. La apertura a la trascendencia/Trascendencia es el horizonte hacia el que se dirige la propuesta. Ayudar a los alumnos a esbozar su respuesta a la pregunta por su identidad y por el sentido de su vida (vocación).
Escuchar a las jóvenes generaciones	Optar por una metodología activa que favorezca la aparición de interrogantes. Se potencia una pedagogía de la decisión que entiende al alumno como responsable de sus decisiones y actos.

Promover a la mujer	Al enunciar como segundo objetivo *la construcción de la unidad,* subyace en él el hecho de no minusvalorar a nadie en función de su sexo. Por otro lado, en el segundo objetivo se trabajan el pensamiento ético y la inteligencia moral que incluye el desarrollo de reflexiones y acciones que tengan en cuenta la promoción de la mujer.
Responsabilizar a la familia	Se recomienda siempre ofrecer talleres de interioridad para padres y madres. Se favorecen acciones en el aula donde la familia pueda aportar de diversas formas su experiencia. Se anima a los alumnos a explicar en casa lo que viven y aprenden en las propuestas de EI.
Abrirse a la acogida	Una ética samaritana está a la base de toda la propuesta, así como la fundamentación en el "principio misericordia" presente en el evangelio.
Renovar la economía y la política	El segundo objetivo general: *construir la unidad con los demás y con el mundo* se concreta en la propuesta de experiencias y reflexiones éticas y políticas.
Cuidar la casa común	El segundo objetivo general se concreta en la propuesta de experiencias y reflexiones que hagan nacer en la comunidad educativa un compromiso con el cuidado del medio ambiente comenzando por el entorno escolar.

EL PACTO EDUCATIVO "GLOCAL" Y LOS OBJETIVOS DE DESARROLLO INTERIOR[31]

"Encuentra la alineación entre lo que sabes, quien eres y a quién quieres servir y ayudar".[32]

En el marco del Jubileo de la Esperanza propuesto por el papa Francisco, aparece el denominado Pacto Educativo Glocal, un pacto educativo generador de esperanza que busca relanzar el PEG.

En la introducción del PEG se indica que:

"Hemos de redescubrir en primer lugar la «esencia exodal» que nos empuja a salir y dejar atrás esa educación caduca, anclada en el pasado, que no responde a los desafíos y necesidades de hoy y mañana, para descubrir con los otros las nuevas, eficaces y transformadoras estrategias".

Sin duda alguna, la inspiración metodológica de este modelo de EI se encuentra en esa "esencia exodal" que atraviesa esta propuesta pedagógica. Nos inspira la pedagogía de Dios, su modo de acompañar y de ponernos en proceso que descubrimos en la peripecia de los israelitas, en su paso de la esclavitud a la libertad tal y como se ha explicado en el capítulo anterior.

Se propone a los educadores dejarse adentrar en un éxodo que nos permita identificar los valores que hemos descui-

---

[31] Para desarrollar esta comparativa me baso en el documento PEG-ESPERANCE-ES.pdf.

[32] EDMUND CHOW, PhD.

dado. Vivir una conversión que nos lleve a cambiar actitudes, hábitos y comportamientos y descubrir la educación como fuente de esperanza para las nuevas generaciones.

En lo referente a esa conversión a la que se llama a los educadores para cambiar actitudes, hábitos y comportamientos, quiero enunciar a continuación los procesos de "paso a la otra orilla" que están presentes en la EI. [33]

- De la volatilidad y la fragilidad hacia el enraizamiento y la adaptabilidad.

- De la incertidumbre y la ansiedad hacia el conocimiento y la presencia.

- De la complejidad y la no linealidad hacia la contemplación y el espíritu de finura.

- De la ambigüedad y la incomprensibilidad hacia la trasparencia y la intuición.

Deseamos salir de algunas orillas que nos esclavizan y disminuyen como personas y sociedades para encaminarnos hacia las actitudes, los valores y virtudes que de veras nos humanizan y favorecen la construcción de una familia humana.

Los Objetivos de Desarrollo Interior (ODI)

La iniciativa de los Objetivos de Desarrollo Interior-ODI (Inner Development Goals-IDG) se formalizó en abril de 2019 en Ekskäret (Suecia). Fue el fruto de una reflexión compartida por organizaciones sociales, empresariales, políticas e institucionales.

---

[33] Para entender su contexto y profundizar en ello remito a mi libro *Pioneros de un mundo inédito*, pp. 27-56.

Estos objetivos se basan en una constatación: nos hemos dado cuenta de que va a ser complicado cambiar el exterior (nuestro mundo) si no somos capaces de cambiar nuestro interior (nosotros mismos).

Los ODI identifican **cinco dimensiones**. Para cada una de esas dimensiones se proponen **veintitrés habilidades** o cualidades de desarrollo y crecimiento interior.

DIMENSIONES	HABILIDADES
SER Relación con el yo	Brújula interior Integridad, autenticidad Apertura y mentalidad de aprendizaje Autoconciencia Presencia
PENSAR Habilidades cognitivas	Pensamiento crítico Conciencia, complejidad Perspectiva Búsqueda de sentido Orientación y visión a largo plazo
RELACIONARSE Cuidar de los demás y del mundo	Aprecio Conectividad Humildad Empatía y compasión
COLABORAR Habilidades sociales	Comunicación Co-creación Mentalidad inclusiva y competencia intercultural Confianza Movilización
ACTUAR Impulsar el cambio	Valentía Creatividad Optimismo Perseverancia

En la siguiente tabla, como he hecho con el PEG, indico puntos de encuentro evidentes entre los ODI y las habilidades que proponen y la EI.

EDUCACIÓN DE LA INTERIORIDAD	OBJETIVOS Y HABILIDADES DE DESARROLLO INTERIOR
Aprender a ser cuidando el ser Su primer objetivo general apunta hacia la **identidad personal** (unificación de las dimensiones de la persona). El *trabajo corporal* y la *integración emocional*, mediante diferentes técnicas, buscan que la persona aprenda a escucharse a sí misma (*autoconciencia*) y crezca en *presencia.* Se desea favorecer el cultivo de la inteligencia moral acompañando la creación incipiente de la identidad en los años escolares para que el alumno posea su propia *brújula interior.*	SER Brújula interior Integridad, autenticidad Apertura y mentalidad de aprendizaje Autoconciencia Presencia
En su despliegue por fases, la EI señala de los 10 a los 18 años el objetivo de "mejorar la calidad del pensamiento para crecer en autonomía personal" (*pensamiento crítico, conciencia, complejidad, perspectiva*). Así mismo, en esas edades se trabaja para que el adolescente pueda ser protagonista en el proceso de creación de su identidad favoreciendo experiencias y reflexiones que generen en él *orientación y visión a largo plazo* en línea con su vocación personal.	**PENSAR** Pensamiento crítico Conciencia, complejidad Perspectiva Búsqueda de sentido Orientación y visión a largo plazo

De nuevo aquí nos situamos en el segundo objetivo general: **Construcción de la unidad con los demás** (relaciones cercanas y cotidianas), **el mundo** (desarrollo ético, político y ecológico) **y el Misterio/Dios** (desarrollo espiritual y religioso).	**RELACIONARSE** Aprecio Conectividad Humildad Empatía y compasión
Este modelo pone el énfasis en el verbo **"cuidar"**: aprender a ser cuidando el ser, es decir, "mi" ser, y el ser de todos y de todo. Por ello se busca potenciar todo aquello que genere en el alumno la *empatía y la compasión*, que en este modelo pedagógico es traducida como "misericordia".	
Al situar como segundo objetivo general el de la **"construcción de la unidad"** resulta evidente que la capacidad de colaborar desde las habilidades sociales precisas forma parte del desarrollo de tal objetivo.	**COLABORAR** Comunicación Co-creación Mentalidad inclusiva y competencia intercultural Confianza Movilización
En el enunciado del segundo objetivo el verbo utilizado es "construir", es decir, se indica que la EI busca favorecer que la persona sea agente activo en la realización de una vida en colaboración con los demás. El tercer contenido propio de este modelo, es la apertura a la trascendencia / Trascendencia que, en uno de sus significados señala hacia la pregunta por el sentido de la vida y "mi lugar en el mundo" concretado en la **vocación personal**. En este ámbito el subrayado de la EI es abrir a los alumnos al servicio de la comunidad.	**ACTUAR** Valentía Creatividad Optimismo Perseverancia

LA EDUCACIÓN DE LA INTERIORIDAD: UN PARADIGMA PARA RESPONDER A LOS DESAFÍOS ACTUALES

Todo lo expuesto hasta el momento constituye los cimientos que dan consistencia a un modelo de EI que desea salir del ámbito del "proyecto" para erigirse en un verdadero **paradigma educativo** para el siglo XXI respondiendo precisamente a la llamada del papa Francisco en el PEG.

La educación cristiana ha sido desde sus orígenes una propuesta que ha mirado el ser integral del alumno. Cada carisma educativo que ha brotado en la Iglesia ha ido más allá de lo meramente curricular para acompañar en la persona el cultivo de otras dimensiones.

Actualmente, todo eso que tradicionalmente en la escuela católica ha sido el eje vertebrador de sus proyectos educativos y de su acción pastoral, se conoce como "aprendizaje profundo" o "deep learning". Michael Fullan, uno de los pedagogos que encabeza el proyecto educativo "Nuevas pedagogías para el aprendizaje profundo" señala acerca de tal aprendizaje profundo:

"Renovar nuestros objetivos para la educación y el aprendizaje, para incluir habilidades que preparen a los alumnos para ser solucionadores creativos, conectados y colaborativos de problemas durante toda su vida y para ser personas sanas y felices que contribuyan al bien común en el mundo actual globalizado e interdependiente. Necesitamos que nuestros sistemas de aprendizaje alienten a los jóvenes a desarrollar sus propias visiones sobre lo que significa conectarse y prosperar en su mundo constantemente emergente, y dotarlos de las habilidades necesarias para alcanza esas visiones. Este concepto amplio, que abarca la idea más amplia de la prosperidad humana, es lo que entendemos por «aprendizaje en profundidad» o «Deep Learning»".[34]

La propuesta de EI que presento en este documento encaja de lleno con el denominado *aprendizaje profundo*. Buscamos facilitar a los alumnos todo cuanto se requiere para ayudarles a adquirir el autoconocimiento y el desarrollo moral y espiritual necesarios para ser personas felices y agentes de mejora de la sociedad. Junto a ello, la EI desea ofrecer esas mismas herramientas a toda la comunidad educativa.

Calificar la EI de "paradigma" quiere decir que se reconoce en sus líneas de desarrollo una coherencia interna. Estoy convencida de que solo se puede transitar del "proyecto" al "paradigma" si conocemos e identificamos correctamente los fundamentos teóricos que se han expuesto hasta este momento. Junto a ello, ha de poder identificarse una propuesta didáctica clara que genere un despliegue coherente y procesual.

- Ese despliegue es el que hace posible que la EI deje de consistir en "hacer cosas" para pasar a ser una propuesta pedagógica seria que impregna la vida del colegio.
- Que la EI sea entendida como un paradigma también ayudará a ir integrando de un modo más armonioso otros proyectos ya presentes en la escuela que tengan que ver con las cuestiones de "identidad personal" y "sentido de vida".

A continuación presento la EI como un paradigma de "aprender a ser cuidando el ser".

---

[34] Citado en J. A. MARINA, El talento de los adolescentes, Barcelona, Planeta 2014, p. 217.

2.ª CLAVE
DE BÓVEDA

La Educación de la Interioridad:
aprender a ser cuidando el ser

APRENDER, UN VERBO PARA TODA LA VIDA

"Lo maravilloso de aprender algo, es que nadie puede arrebatárnoslo".[35]

Definir la EI como "aprender a ser cuidando el ser" alude al hecho de que **el ser humano es un ser que precisa de aprendizajes toda su vida.** Por un lado, nuestro crecimiento y maduración son lentos. De todos los seres vivos, quizá sea el ser humano el que más tiempo precisa para alcanzar una autonomía total que le permita independizarse de sus progenitores. El ser humano invierte muchos años de su vida en formarse en todo aquello preciso para vivir en su entorno concreto. Oficialmente se considera a una persona "mayor de edad" a los dieciocho años. Para el resto de los mamíferos todo es muchísimo más rápido. Nosotros, los hombres y mujeres, invertimos años de nuestras vidas en alcanzar algunas de las competencias básicas para desenvolvernos en nuestra sociedad.

Tan solo los cuatro pilares educativos, que señalaba el informe Delors, implican años de camino: "aprender a conocer", "aprender a hacer", "aprender a ser" y "aprender a vivir con los demás". Ciertamente el verbo aprender, siendo central en las etapas escolares, va más allá del ámbito escolar y universitario y es un verbo propio de la vida humana. Pero junto al verbo "aprender" es preciso conjugar el verbo "acompañar". Todo proceso de aprendizaje , especialmente si alude al ser de la persona, requiere de acompañamiento.

A ningún educador le resulta extraño que en el ámbito educativo se hable del verbo "acompañar". Pero otra cosa

---

[35] B. B. KING, guitarrista y compositor estadounidense.

muy diferente es que yo, como educador, asuma que en la entraña de mi ser educador ese verbo acompañar resulta irrenunciable; es más, es el verbo que puede rescatarme de una comprensión de mi trabajo como una mera instrucción. Quisiera poder rescatar un modo de comprensión del verbo acompañar referido al contexto escolar y situar esa acción, esa experiencia del acompañar y del acompañamiento, en la misma entraña del verbo educar.

La Educación de la Interioridad, entendida como un modelo pedagógico, trabaja la competencia básica de "aprender a ser" añadiendo un matiz profundamente humano: **cuidar el ser.**

Aprender a ser cuidando el ser

La forma de aprender a ser persona incluye el cuidado: cuidado de sí mismo, de los demás y del planeta. Por ello, la EI trabaja de tal modo que favorece en el alumno el progresivo crecimiento en su capacidad de:

- Cuidar de sí mismo.
- Cuidar de los demás.
- Cuidar de la casa común.

CAPACIDAD PARA SABER CUIDAR DE SÍ MISMO	El cuidado del propio ser: físico, intelectual, emocional y espiritual quiere decir que la persona va siendo cada vez más dueña de sí, dejando de estar sujeta a lo de fuera, para vivir desde una verdadera capacidad de autorregulación en todos los ámbitos.

DESPERTAR AL DESEO DE CUIDAR DE LOS DEMÁS	El ser humano no es un ser que empieza y termina en sí mismo, al contrario, ser persona es *ser en relación,* significa "aprender a vivir con los demás", como indica el cuarto pilar educativo mencionado. Del mismo modo que cada persona ha recibido y recibe el cuidado de muchas otras personas (padres, familia, maestros, amigos...), así una maduración cabal conlleva el interés y la sensibilidad por el cuidado del otro. Esto incluye el cultivo de las dimensiones ética y política.
ENTENDER Y VIVIR EL MEDIO NATURAL COMO LA CASA COMÚN PRECISADA DE CUIDADO	El ser humano no puede sobrevivir sin su bien más esencial y básico: el planeta. Se hace urgente despertar en los niños y jóvenes la conciencia de que somos cuidadores de este planeta hermoso, que ya emite una queja clarísima que debe ser escuchada sin dilación.

Junto a lo anterior, la Educación de la Interioridad quiere y debe acompañar el cuidado de lo espiritual y de la religiosidad de los alumnos.

CUIDADO DE LA ESPIRITUALIDAD	En el momento actual, el término espiritualidad nos ayuda a referirnos a la vocación del ser humano de vivir con hondura y profundidad. La EI entrega al alumno la pregunta por el sentido de su vida y le ofrece caminos para descubrir su peculiar vocación.

CUIDADO DE LA RELIGIOSIDAD	La EI acompaña a los alumnos tanto en el cultivo de una vida profundamente espiritual como en el cultivo de su religiosidad en el caso de los alumnos creyentes. Aquí es donde la apertura a la trascendencia significa ya concretamente el cuidado de lo espiritual y de la religiosidad.

Por último, es de gran importancia entender que aprendiendo cómo cuidar de mí, de los demás y del mundo, cultivando una profunda espiritualidad / religiosidad, favorecemos el nacimiento en la persona de la **pregunta vocacional**, entendiendo por vocación "mi lugar en el mundo", el porqué de mi existencia, la concreción de mi sentido de la vida, porque, en la EI, "identidad personal" y "sentido de la vida" son las dos preguntas humanas fundamentales que deseamos acompañar.

EDUCADORES: PARTEROS DEL SER

"La tarea educativa, el desarrollo de hábitos solidarios, la capacidad de pensar la vida humana más integralmente, la hondura espiritual, hacen falta para dar calidad a las relaciones humanas" (*FT* 167).

Si anteriormente he señalado el despliegue del verbo "cuidar" referido al alumno, a continuación ofrezco una comprensión de ese mismo verbo referido a lo que implica para el educador.

Todo maestro y maestra está ayudando a que el alumno sea capaz de aprender algo y de descubrir hasta dónde llegan sus aptitudes con respecto a un determinado saber científico o humanístico. En los últimos años hemos crecido en conciencia de que cada persona posee múltiples inteligencias y que el colegio, a través de sus educadores, debe favorecer que cada alumno descubra y movilice sus capacidades en esos diferentes modos de inteligencia. Ello ha ayudado a que el verbo "educar" deje de aludir tan solo al ámbito de los conocimientos curriculares o conceptuales y se anime y se pida al educador que tenga en cuenta y valore también lo relacionado con otras competencias básicas relacionadas con esas "otras" inteligencias.

Así, hemos ido cayendo en la cuenta de que es labor de todo educador ser en cierta manera un acompañante, un testigo del proceso de enseñanza-aprendizaje que incluye la atención y valoración de más competencias y de ámbitos como lo emocional, lo relacional y lo espiritual.

Es por todo esto que me parece adecuado proponer el símil del maestro como partero del ser de sus alumnos. No en vano, el verbo "educar" proviene de la raíz latina "educare", que significa "guiar, orientar, conducir, criar, alimentar". También está relacionado con el verbo "educere", que significa "sacar, extraer, dar a luz, hacer surgir".

- En el contexto concreto de la EI, esta comprensión del verbo educar es central. Educamos la interioridad para favorecer que cada alumno dé a luz, muestre, comparta, exprese la inmensa riqueza humana que lleva dentro de sí.

Una partera ayuda a la madre en el complejo y fascinante momento de dar a luz. La partera está ahí para animar, para recordar qué hacer, para dar seguridad, pero quien hace el esfuerzo de nacer es el hijo y quien vive los dolores del parto es la madre.

Así, en el proceso de enseñanza-aprendizaje, quien debe vivir el esfuerzo de nacer a todas sus dimensiones y quien vive los dolores y alegrías que provienen de ello es el alumno. El educador, la educadora, a modo de partera, está a su lado como testigo de sus avances, como presencia que anima y da seguridad.

De nuevo cabe recordar a esas dos mujeres del libro del Éxodo que ya he mencionado: Séfora y Fuá, las comadronas egipcias. Ellas nos inspiran como educadoras para entender nuestra vocación como una defensa y protección de la vida frente a todo aquello que amenaza con matarla o disminuirla.

- Un educador vela por crear las mejores condiciones para que cada alumno pueda dar a luz sus saberes referidos a las múltiples inteligencias propias del ser humano.

- Desde la EI, el educador ejerce de partero del ser interior. Ayuda al alumno a dar a luz la mejor versión de sí mismo, a descubrir toda la riqueza que lleva en su interior y compartirla sin temor con el mundo.

Entendido así, el verbo "acompañar" desborda al ámbito de los profesionales de la orientación, psicopedagogos, etc., y pasa a formar parte de cualquier acción educativa. Si bien es cierto que los orientadores y psicopedagogos deben ejercer su peculiar modo de acompañamiento aportando los saberes y estrategias propios de su específica formación en esos campos.

Por último, la inclusión en el listado de las competencias básicas de la competencia del *aprender a ser*, deja claro que la educación del siglo XXI precisa de educadores y educadoras que sean conscientes de que educar es mucho más (aunque lo incluye) que un mero acto de transmitir los conocimientos de las áreas curriculares.

Se trata de acompañar al alumno de tal modo que sepa ser él mismo en este mundo o, al menos, haya recibido estrategias y experiencias que le ayuden a comprenderse a sí mismo y a la existencia con más hondura y creatividad. Evidentemente, esto último entra de lleno en la propuesta de Educación de la Interioridad que estamos estudiando, pero no quiere decir que no deba cuidarse esa educación integral desde cualquier área curricular.

Acompañar es cuidar

Podemos afirmar que todo modo de acompañar a otro ser humano es un modo de cuidarlo. A la par, cuando cuidamos a otro, de alguna manera, lo estamos acompañando.

Necesitamos volver a modos de vida en los que el cuidado se sitúe en el centro. Nuestras sociedades del bienestar, del consumo, de los avances científicos y tecnológicos son sociedades donde muchos y muchas no son cuidados como precisan y sería de esperar.

Desde luego, en el terreno concreto de la escuela, el verbo cuidar va de la mano con el verbo acompañar, pero ¿qué es cuidar exactamente?

A continuación voy a proponer siete definiciones del cuidado que no son mías, sino que provienen de la teóloga y psicóloga Rosa Ruíz Aragoneses. Voy a adaptar la descripción del cuidado que Rosa infiere de la vida de Jesús de Nazaret para que nos inspire y ayude a concretar nosotros, en el ámbito escolar y más en concreto en el ámbito de la EI, qué quiere decir *cuidar el ser*. No olvidemos que nuestro referente como educadores cristianos es el propio Jesús en su modo de actuar, en sus palabras y gestos concretos.

Cuidar es vivir des-centrado
Dice Rosa Ruíz que quien cuida está "orientado al otro", quien cuida, "escucha". Aplicado al educador que desea atender a ese crecimiento íntegro de sus alumnos, quiere decir que **el centro de nuestra acción es el alumno.** Como girasoles, el "sol" hacia el que orientamos nuestra mirada es el alumno. Por ello, el propio educador debe cuidar su vida interior para volver una y otra vez al centro y horizonte de la educación: el bien del alumno. Ello nos descentra de nosotros, nos hace salir de posturas en las que el maestro, el profesor queda autorreferido, ganando terreno la búsqueda de su comodidad y no del bien real del alumno.

Así, un educador que focaliza de corazón su atención en que el alumno aprenda significativamente, crezca como persona, sea él mismo, haga brillar sus capacidades, está, sin saberlo, acompañando haga lo que haga. Y, desde luego, poner atención en otro es escucharle porque es prestarle atención: escucha, con todo el ser del profesor, de todo el ser del alumno.

Decir que "cuidar es vivir des-centrado" debe ser entendido correctamente: el adulto educador se cuida sanamente para poder dar lo mejor de sí, no se descuida, pero tampoco cae en ese priorizarse a sí mismo por encima de todas las cosas. Se trata de ser adultos que pueden salir de sí, darse, acompañar, cuidar sin quedar rotos o extenuados por ello.

Cuidar es ver lo invisible
Jesús es el que visibiliza lo que nosotros invisibilizamos. Es el que en medio de la multitud "ve". He aquí un aspecto que alude al modo de presencia del educador en el aula, más aún cuando el educador acompaña una sesión de EI. El educador no puede permitirse "miradas generales", menos aún no mirar a determinados alumnos. Por nuestra experiencia personal sabemos bien el daño que nos puede hacer que alguien no nos mire. El ser humano es en cierta medida un "buscador de mirada". Desde niños crecemos buscando las miradas que nos hagan venir a la existencia, que nos hagan sentir que somos aceptados, que estamos donde se nos quiere y somos bien recibidos. Un maestro pronuncia su gran palabra con su mirada, con su modo de mirar o no mirar. Un maestro puede, con su mirada, devolver la existencia a tantos alumnos que se sienten "nadie" y permitir que experimenten que "son alguien para alguien".

Cuidar es dejarse cuidar, porque cuidar implica
que hay otro que me cuida
Jesús se dejó cuidar por María en Betania, en ese bello pasaje en el que ella derrama el perfume ungiendo con él los pies

de Jesús (*cf.* Jn 12,1-8). En Betania, el perfume del cuidado llena la casa. Más tarde, en la última cena, Jesús permite que Juan recline su cabeza contra su pecho en un gesto que alivia a los dos, que les hace sentir intimidad y cariño. Ciertamente, quien cuida a otros debe saber él mismo dejarse cuidar.

Cuidar es rechazar toda violencia
En Jesús aprendemos a elegir la ternura. Descubrimos esa ternura que le llevará a no recriminar a Judas que le traiciona, que le lleva a mirar con cariño la torpeza de sus discípulos. Porque la ternura es de valientes ya que conlleva una gran vulnerabilidad. ¿Qué nos dice esto a nosotros como educadores?, ¿qué conlleva en el ámbito de la EI? Cuando estamos proponiendo sesiones en las que vamos a movilizar cuerpo, emociones y alma, hemos de ser conscientes de que estamos junto a seres humanos en fases iniciales de la vida.

Un maestro, una maestra que cuida no debe temer mostrarse tierno con sus alumnos. Ternura que no es sinónimo de hacer excesivas carantoñas ni de decir palabras un tanto "ñoñas". Nos referimos a esa ternura que produce el hecho de que somos todos, maestros y alumnos, seres vulnerables. Seres que sufrimos heridas, golpes. Cuanto más humano es un adulto, más puede irradiar una natural ternura hacia sus alumnos.

Ser tierno es dejar que brote el sentido del humor, aprender a relativizar algunas "salidas de tono" de nuestros alumnos, tener una palabra inesperada, fuera de guion con ellos que les abra los ojos. Ser tierno es perdonar a la vez que se es firme y claro cuando es necesario. Dejar que la ternura brote en clase no resta la firmeza precisa cuando hay que llamar la atención a un alumno, pero puede hacer que esa corrección sea más significativa para él.

Cuidar es no dar a nadie por perdido
No tirar la toalla por nadie. En la vida de Jesús este punto es fácil de identificar. Jesús murió perdonando y, antes, nos propuso múltiples parábolas que describen esa paciencia infinita: recordemos la mujer que pierde una moneda y revuelve toda la casa hasta encontrarla (*cf.* Lc 15,8-10), o la higuera que no da fruto (*cf.* Lc 13,6-9), pero el dueño espera pacientemente sin cortarla. Pedro negó tres veces a Jesús y el Resucitado le preguntará tres veces si le ama (*cf.* Jn 21,15-19) facilitando que Pedro se sienta acogido y perdonado plenamente.

¿Qué "hoja de ruta" señala esto a un maestro? Está claro, un maestro al estilo de Jesús nunca da a ningún alumno por perdido. Se tratará de ser creativos y buscar el camino (o caminos) de acceso más idóneo hacia cada alumno. Este no dar a nadie por perdido va de la mano de la ternura de la que hablaba antes. Si un maestro se toma en serio que está junto a personas que comienzan su camino vital, debe comprender que esos inicios son tanteos y, por tanto, llenos de errores, de carencias, de exploraciones que a veces no salen bien.

Cuidar a los alumnos que tiene a su cargo es una llamada a hacer cada día un sano ejercicio por el que el maestro ni idealice al alumno otorgándole capacidades o virtudes que aún no posee, ni le ponga etiquetas que lastran su posibilidad de cambio y mejora. Recordemos: "quien te cree, te crea". ¡Tantas veces somos capaces de una gran mejora tanto en el ámbito académico como actitudinal, porque alguien ha creído en nosotros!

Cuidar es saber encontrar motivos para celebrar
He aquí un punto que me parece olvidamos mucho en los colegios. En Jesús descubrimos la dimensión materna y coti-

diana del Maestro que parte y reparte la comida. Jesús disfruta estando a la mesa con los suyos y celebrando los logros de sus discípulos.

- ¿Y en nuestros colegios, qué tiempos y gestos reservamos para celebrar la vida *de* y *con* nuestros chavales, sus logros, sus búsquedas, sus aciertos, sus descubrimientos?
- ¿Qué tiempos y espacios reservamos para, simplemente, valorar y disfrutar de la oportunidad de aprender juntos?

Tenemos en las aulas a muchos chicos y chicas muy necesitados de encontrar y conectar con razones para celebrar su vida. Para ello, el propio educador debe saber celebrar su propia vida y alegrarse por ella.

Cuidar es un modo de responder al mal
El cuidado es el gran antídoto contra el mal. El cuidado protege a quien cuida y a quien es cuidado. El mal en sus formas múltiples: tristeza, desesperación, acoso al más débil, etc., se cuela por las rendijas de nuestro descuido personal e institucional.

"Cuidar el cuidado", poner el bien del alumno en el centro del camino educativo en una escuela puede protegernos de esas formas de mal, poner más difícil que alguien sucumba a sus garras como víctima o victimario, tanto alumnos como, no lo olvidemos, compañeros de claustro.

En sociedades que descubrimos individualistas y carentes de una verdadera cultura del cuidado, la escuela, y más la escuela católica, debe enfatizar ese cuidado del ser humano, de lo que significa ser humano, de lo que precisa la vida para crecer y manifestarse plenamente. Necesitamos recuperar a Séfora y Fuá, las parteras egipcias, como inspiración de un atento y astuto cuidado de la vida frente a todo lo que la ataca y la amenaza de muerte, en nuestro caso, en el sí de la Escuela.

Espero que estos siete puntos puedan ayudar a entender mejor que el acompañamiento en la escuela es una llamada para todo educador. Hay un acompañamiento al que voy a llamar "no formal" que debe estar siempre presente en todo buen maestro porque forma parte de lo que brota de una persona cabal.

Por último, si estos siete puntos son importantes en cualquier ámbito educativo, resultan irrenunciables en el contexto de las propuestas de EI donde *cuidar* y *acompañar* son los verbos en los que se enraíza este paradigma pedagógico.

El "arte de acompañar": respeto y presencia

Acompañar tiene mucho que ver con "hacerse presente". Es el primer gesto de quien acompaña: hacer saber y sentir a la otra persona que "estoy aquí" y "estoy aquí para ti y contigo". Quienes trabajan en el mundo del duelo suelen explicar que acompañar en esa experiencia dolorosa pasa casi siempre por decir muy pocas palabras y otorgar, en cambio, una presencia respetuosa y cálida que deje espacio a la persona para expresarse como quiera y cuando quiera.

A veces, en el ámbito escolar, cuando pensamos en el acompañamiento, enseguida visualizamos procesos en los que el adulto debe dirigir, señalar, encauzar, hablar o aconsejar. Personalmente propongo que traigamos a primera línea de nuestra reflexión tan solo dos aspectos que me parecen nucleares: **respeto** y **presencia** como ingredientes básicos e irrenunciables de cualquier tipo de acompañamiento.

97

En ocasiones, acompañar a otro es no decir nada para poder estar de veras presente con él. Saber estar en silencio junto al otro supone muchas veces el único modo de que ese otro sienta que dispone del espacio suficiente para manifestarse en libertad. El exceso de palabras puede ocultar en ocasiones una incapacidad para *estar* y *hacerse presente*.

Mediante nuestros gestos, silencios y palabras podemos hacer llegar un profundo respeto hacia el ser de la otra persona. Nos hacemos presentes al otro con todo nuestro ser, con atención y empatía, con sensibilidad, con un cierto descentramiento de nosotros mismos para focalizar la atención en el otro y por lo tanto no se le instrumentaliza.

"El arte de acompañar" en la escuela

Con todo, nosotros queremos identificar cuáles debieran ser las claves de un proceso consciente de acompañamiento dentro de la escuela. Es por eso por lo que debemos añadir otros elementos que enumero a continuación

- Atendiendo al acompañante:
  - Solo puede ser acompañante quien ha sido acompañado.
  - Acompañar requiere del acompañante el conocimiento de su propia "sombra personal" y de sus limitaciones.
  - Debe conocer sus capacidades para ponerlas al servicio del acompañado.
  - Ha de ser alguien con experiencia personal y buena formación.
  - Debe tener una cierta distancia afectiva hacia el acompañado.
  - Debe saber desaparecer cuando sea preciso.

- Atendiendo al acompañado:
  - Solo puede ser acompañado quien se deja acompañar.
  - En una escuela que eduque desde la "atención al ser" todos deben ser acompañados: educadores, personal no docente, alumnos y padres/madres.
  - Cada persona, en función de su edad y momento vital, precisa de un tipo de acompañamiento diferente.

Todo es proceso

Hoy la escuela redescubre que educar no quiere decir tan solo transmitir conocimientos sino vivir juntos –familias, alumnos y profesores– el proceso de *aprender a ser*. En los últimos años son numerosos los centros educativos que están implementando proyectos que tienen que ver con el cultivo del silencio, la meditación, la atención a las emociones, etc. De alguna manera el mundo occidental está comprendiendo que sin la atención a lo que sucede dentro de nosotros nos será muy difícil mejorar lo de fuera de nosotros, eso que llamamos "mundo".

La propuesta de Educación de la Interioridad que describo nace precisamente del convencimiento de que familia y escuela deben aunar esfuerzos, creatividad y cariño para ofrecer a nuestros niños, adolescentes y jóvenes herramientas concretas para ser en plenitud, único camino hacia la felicidad que se enraíza en las entrañas de la persona más allá de los aconteceres agradables o desagradables, alegres o tristes e incluso rutinarios de la vida. Se trata de conectar con la verdad que nos habita y que, como nos promete Jesús, "nos hace libres".

Aprender a ser quienes somos no es algo que se lleve a cabo en un tiempo determinado, cada persona tiene su ritmo, su propio paso, pero sí es cierto que hay unos denominadores comunes, son estos los que tenemos en cuenta en la propuesta de EI que hacemos aquí.

- Favorecer experiencias que pongan en funcionamiento el deseo de descubrir, de saber, de aprender.
- Hacer nacer interrogantes más que responder a todas las preguntas.
- Atender a la diversidad de los alumnos.
- Transmitir al niño y al joven confianza en sus capacidades.
- Que el alumno se sienta amado y respetado.
- Un educador que sea él mismo parte del mensaje: que todo en él irradie aquello que desea transmitir.

A través de un proyecto de EI lo que se pretende es generar en el aula, dentro del horario escolar, un ambiente que facilite la conexión con lo más genuino de la persona. La cuestión es tener en cuenta dos puntos importantes:

- Por un lado, quien propone y acompaña la EI no es alguien perfecto, pero sí se espera que sea una persona en proceso y que viva ella misma lo que transmite y propone.
- Por otro lado, este camino de conexión con el mundo interior, el educador lo propone a personas que están en las primeras fases de la configuración de su personalidad.

Todo esto que es importantísimo en todos los ámbitos educativos, resulta imprescindible en lo que se refiere a la EI entendida como un paradigma. Veamos pues qué objetivos persigue esta para comprender qué contenidos y qué metodología serán necesarios.

Será importante, al adentrarnos en este capítulo metodológico, no olvidar que la EI hace aportes para la competencia básica de "aprender a ser"; es decir, las propuestas prácticas de la EI no vienen a suplir el aprendizaje de las materias curriculares de ninguna manera ni a restarles tiempo. Como veremos, muchas intervenciones se traducen en pequeñas rutinas que pueden mejorar el modo de iniciar y terminar una clase.

3.ª CLAVE DE BÓVEDA

Objetivos, contenidos,
metodología y técnicas de
la Educación de la Interioridad

OBJETIVOS GENERALES DE LA EDUCACIÓN DE LA INTERIORIDAD

Los objetivos generales de la EI son dos:

- Favorecer la unificación de las dimensiones de la persona: interioridad-exterioridad y cuerpo-mente-corazón.
- Construir la unidad con los demás, con el mundo y con el Misterio/Dios.

Los objetivos generales de este proceso son entendidos a modo de "faros" que nos ayudan a no perder la orientación o como "horizonte" hacia el que tiende este proyecto. No olvidemos que se trata de ofrecer herramientas para crecer de una forma sana. Pero el crecimiento personal, la evolución de la persona es algo que no termina con el fin de la edad escolar, sino que prosigue a lo largo de toda la vida.

Pretender evaluar estos dos objetivos al modo como evaluamos otro tipo de objetivos sería algo contraproducente y, quizá, incluso generaría unos niveles de exigencia y perfeccionismo nada deseables. Por ello, a partir de estos dos objetivos generales que nos señalan el "hacia qué tendemos", será necesario concretar unos objetivos particulares para cada fase de la EI. Esos objetivos sí podrán ser evaluables de una forma más concreta. Pero comencemos por explicar lo mejor posible los dos objetivos generales.

Favorecer la unificación de las dimensiones de la persona

Este primer objetivo nos sitúa en el ámbito del **conocimiento de uno mismo**. Se trata de favorecer experiencias que hagan que el niño y el adolescente perciba esa unidad de fondo que hay en él por la cual los diferentes ámbitos de su persona:

físico, relacional, emocional, intelectual y espiritual no son compartimentos estancos, cada uno de ellos funcionando al margen de los demás, sino que todos ellos están absolutamente interrelacionados.

Comprender experimentalmente esta unidad que somos aporta a la persona estabilidad y capacidad para comprenderse de una forma más holística y respetuosa.

Además, solo quien vive unificado o, mejor dicho, en proceso de unificación puede entrar de lleno en la vivencia del segundo objetivo.

Construir la unidad con los demás, con el mundo
y con el Misterio/Dios

Este segundo objetivo de alguna manera emana del primero o es su consecuencia lógica, aunque en la vida de una persona todo se mezcla y puede llegar de otra forma. Sin embargo, por metodología, interesa subrayar que en la misma medida en la que una persona va entrando en una vivencia de sí misma más unificada, menos dispersa, más desde su centro, en esa misma medida puede comenzar a sentir a los otros como verdaderos prójimos, como parte de su vida.

Además, desde una antropología cristiana podemos decir que la morfología humana es la unidad ya que somos seres a imagen y semejanza de Dios y Dios es unidad. Jesús, en la conocida como oración sacerdotal (Jn 17,11-19), ora así: "Padre santo, guárdalos en tu nombre, a los que me has dado, para que sean uno, como nosotros". Ser uno, como el Hijo y el Padre son uno, conlleva aprende a construir esa unidad, se trata de un acto de voluntad que genera posicionamientos vitales.

Es por ello por lo que en este segundo objetivo se sitúan las claves del **desarrollo ético, ecológico y espiritual / religioso de la persona.** Veamos cómo:

106

- **Construcción de la unidad con los demás**
  Nos situamos aquí en el **eje de las relaciones interpersonales más cercanas:** familia, compañeros y profesores del colegio, amigos, personas con las que nos relacionamos cada día. Precisamente por la imbricación entre interioridad y exterioridad la referencia al otro, al cercano, es imprescindible en esta fase de construcción de la personalidad. El otro, el que me es cercano, con el que me relaciono cada día me ayuda a conocerme, actúa como de espejo de mí permitiéndome descubrir aspectos de mi personalidad que por mí mismo casi no podría conocer.

  El otro, con sus múltiples rostros cotidianos, me saca de mí, con su presencia pone en funcionamiento mis potencialidades. "El rostro del otro", en expresión del. filósofo Lévinas, me devuelve de alguna manera el sentido de mi propio rostro. No somos seres aislados, hemos sido creados para relacionarnos. Aún más, como cristianos creemos en un Dios que se manifiesta en tres personas diferentes. De alguna manera al reconocer la existencia trinitaria afirmamos que, como seres creados a imagen y semejanza suya, la relación forma parte de nuestra entraña como lo es de la propia entraña de Dios.

- **Construcción de la unidad con el mundo**
  Nos hallamos aquí en el **eje de la ética, de la política y de la ecología.** Ir siendo personas unificadas, capaces de relacionarnos con el cercano desde la no agresión, no desde la competitividad sino desde el profundo convencimiento y experiencia de que somos una unidad con ellos, nos lleva irremediablemente a sentir la importancia de aportar nuestra persona a la mejora del mundo, ahora ya entendiendo por tal no el de la mera cotidianeidad, sino el mundo más lejano.

Se trata de no vivir al margen de lo que sucede fuera de mi pequeño mundo, sentirme ciudadano de un planeta, crecer en la denominada identidad cosmopolita global,[36] y ahí también entra el compromiso con el cuidado de esta casa de todos, algo que maravillosamente expresó el papa Francisco en su carta encíclica sobre el cuidado de la casa común *Laudato si'*.

- **Construcción de la unidad con el Misterio/Dios**
  En el contexto de la Escuela Católica debemos tener en cuenta la pluralidad de sensibilidades espirituales y religiosas que se dan cita en nuestras comunidades educativas. Por ello, en referencia a la construcción de la unidad con el Misterio indicamos que toda persona, creyente o no, debe poder vivir con paz la dimensión mistérica de la vida.

  En un mundo científico-técnico, los hombres y las mujeres hemos ido perdiendo la capacidad de acoger todo aquello que de inexplicable o menos racional tiene la existencia humana. Pareciera que debemos poder diseccionar todo, entenderlo y controlarlo todo, pero no es así y es un hecho que la vida nos pone delante con frecuencia. La existencia tiene un fondo de misterio con el que es bueno reconciliarse. Por ello resulta tan importante ayudar a los alumnos a reconocer, acoger y dialogar con ese misterio inherente a la vida.

  Junto a lo anterior, y pensando en los alumnos con un sentimiento religioso y desde una propuesta educativa cristiana, se ha de cuidar que el creyente pueda vivir una auténtica relación de amistad con Dios.

---

[36] Refiero para profundizar en esta cuestión a CESAR GARCÍA-RINCÓN DE CASTRO (coord.), *Identidad cosmopolita global*, PPC y Orden de la Compañía de María Nuestra Señora, Madrid 2016.

CONTENIDOS DE LA EDUCACIÓN DE LA INTERIORIDAD [37]

Este modelo de EI propone trabajar a partir de tres contenidos:

- El trabajo corporal.
- La integración emocional.
- La apertura a la trascendencia/Trascendencia.

Estos tres contenidos provienen de un esquema básico de la configuración de la persona en torno a **tres ámbitos: corporal, psicológico y trascendente.**
Todos ellos quedan integrados en este esquema más básico de la siguiente manera:

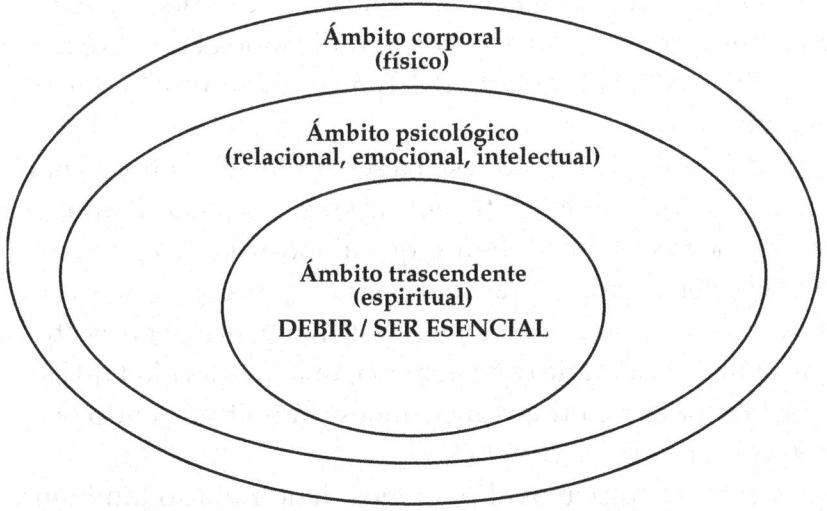

---

[37] A partir de este punto, reproduzco algunos de los desarrollos sobre EI que realicé para los colegios FEC en el marco de mi asesoramiento para la creación de su programa de Educación de la Interioridad en el año 2015.

Optamos por un esquema sencillo que ciertamente cabría desglosar mucho más. Sin embargo, nos parece que por su sencillez ayuda a dejar claro que la antropología a partir de la cual trabajamos no contempla una jerarquía de ámbitos, y por supuesto no postula la dimensión intelectual como la más importante de la persona, sino que se parte de una visión del ser humano en la que todos sus ámbitos están íntimamente relacionados y se incluyen y abrazan entre sí a modo de círculos concéntricos.

Precisamente esta presentación con la figura del círculo nos invita a prestar atención a un despliegue que se realiza de dentro hacia fuera. Al igual que sucede con una rueda que solo puede girar convenientemente si su centro está bien situado, el ser humano puede desplegar su plenitud en tanto en cuanto encuentra su centro y, como podemos ver en el esquema, a medida que nos acercamos al centro se desvela lo espiritual que vive en nosotros.

En el "centro del centro" situamos lo que podemos denominar el *Debir* o *Sancta Sanctorum*, utilizando el nombre que los judíos daban al camarín del Templo de Jerusalén donde moraba Dios.

Ese Santo de los Santos estaba separado del santuario por un velo y solamente podía entrar en él, una vez al año, el Sumo Sacerdote. Recordemos que al morir Jesús en la cruz "el velo del Templo se rasgó de parte a parte": Jesús revela la verdadera morada de Dios con los hombres que no es otro que la interioridad de cada persona, una interioridad que se irradia a todas las otras dimensiones y ámbitos cuando permitimos que "caiga el velo".

A ese centro personal podemos denominarlo también, siguiendo la conceptualización de Karlfried G. Dürckheim, el *ser esencial*, es decir, lo que de verdad somos más allá de todo cuanto hacemos, tenemos e incluso sabemos de nosotros mismos.[38]. San Agustín en las *Confesiones* dirá: "Dentro del corazón soy lo que soy" (Confesiones, X, 3,4).

Cuando en la persona se va dando la conexión profunda con su *ser esencial,* cuando vamos reconociendo la verdad, la bondad y la belleza que en ese centro brillan, y permitimos que toda esa maravilla de nuestra esencia se transparente, entonces ese esquema de círculos concéntricos demuestra que en realidad se trata de una espiral, una línea continua sin fisuras que permite que la interioridad y la exterioridad se den la mano:

> "Solo el ser humano interiorizado es capaz de devolver bien por mal, de responder al odio con amor, a una ofensa con un gesto de benevolencia. Y es que el ser humano interior tiene su propia consistencia interna, su propia salud y riqueza, su propia paz, que no depende para nada de lo que los demás sean, digan o hagan".[39]

Mediante los procesos pedagógicos de la EI, el alumno puede ir viviendo cada vez con mayor consciencia la inter-

---

[38] Para profundizar en el concepto de ser esencial conviene leer KARLFRIED G. DÜRCKHEIM, *Práctica del camino interior,* Mensajero, Bilbao 1994.

[39] ANTONIO CARRÓN DE LA TORRE, *María Zambrano y San Agustín. Diafanidad de la persona y transparencia del corazón,* Tesis doctoral, Facultad de Filosofía y Letras de la Universidad de Granada 2010.

conexión de aquello que nos parecen dimensiones desconectadas entre sí, pero que en realidad son expresiones de un único ser: mi persona. Entrar en estos procesos de unificación es un camino para toda la vida. Nos aportarán mayor paz interior y salud personal y por eso mejorará la calidad de nuestras relaciones y de nuestro modo de estar en el mundo.

TRES CONTENIDOS, UN SOLO PROCESO

"La forma humana de ser hombre interior se ejerce necesariamente en la mediación de la exterioridad y la dimensión
humana de la exterioridad está toda ella transida de
interioridad".[40]

La necesidad de adentrarnos mejor en la comprensión de
cada uno de los tres contenidos de la EI puede hacernos caer
en un gran error y es el de terminar creyendo que cada contenido puede ser propuesto por sí mismo, sin relación con
los otros dos.

Para no caer en ese error se hace necesario regresar, una
y otra vez, a la antropología que subyace a este modelo de
EI y que afirma la unidad del ser humano; es decir, partimos
del convencimiento de que ser humano es crecer en unificación personal porque la unidad es nuestra morfología origi-
nal. Cuerpo, mente, corazón son un todo interrelacionado e
inseparable. Precisamente, la mayor parte de nuestros problemas como personas provienen de vivir poco o nada uni-
ficados.

- La EI propone un proceso escolar desde los 3 a los 18
años en el que, respetando el momento evolutivo de
cada edad, el alumno pueda adentrarse en un camino
significativo que les acerque a esos dos objetivos generales ya explicados anteriormente.

---

[40] Juan Martín Velasco en AA. VV., *La interioridad un paradigma emergente*, PPC, Madrid 2014, p. 8.

Resulta evidente que tales procesos son una "asignatura" para toda la vida, pero en las edades escolares desde la EI se busca entregar a los alumnos las experiencias y los aprendizajes que puedan servirles una vez terminada la etapa escolar.

Evidentemente, son las etapas educativas de Secundaria y Bachillerato, así como los Ciclos Formativos, aquellas en las que con mayor especificidad podremos adentrarnos en los terrenos propios de la construcción de la *identidad* y el *sentido*. Pero las etapas anteriores, Educación Infantil y Educación Primaria, resultan imprescindibles para crear las bases para el trabajo posterior.

Así pues, cada uno de los tres contenidos de la EI forman una unidad.

- Hablar de trabajo corporal, de integración emocional y de apertura a la trascendencia / Trascendencia es un modo de describir el hecho de que el ser humano se configura como tal en torno a tres dimensiones inseparables y, además, interrelacionadas: cuerpo, emociones y espíritu.

Por ello, *aprender a ser cuidando el ser* nos obliga a atender esas tres dimensiones del ser humano para que el proceso de unificación personal y de construcción de la unidad con la realidad sea posible. Se trata de un solo proceso en el que identificamos tres áreas o tres contenidos irrenunciables.

A continuación, ofrezco algunos subrayados para entender mejor a qué nos referimos con cada uno de los tres contenidos.

EL TRABAJO CORPORAL

"Tomar conciencia del cuerpo que uno es significa consi-
derarlo en la plenitud de lo que es: el santuario, el athanor en
el cual se lleva a cabo la Gran Obra de nuestra vida y, al mismo tiempo, la materia prima de esa Gran Obra. Hemos de
construirla trabajando con él y sobre él".[41]

Atendiendo a la dimensión corporal del ser humano, se proponen procesos que favorezcan en los alumnos el despertar
de una "nueva sensibilidad" respecto a la corporalidad.

Esa "nueva sensibilidad" tiene que ver con un proceso
gradual de comprensión y relación con el cuerpo. Tal proceso parte del hecho de que, en general, la persona suele
relacionarse y comprender su cuerpo como "algo que tiene".
El horizonte hacia el que se dirige la EI es ir viviendo un
recorrido pedagógico que permita pasar del cuerpo como
objeto al **cuerpo como hogar y lugar concreto de expresión
de la profundidad de nuestro ser.**

"Yo soy mi cuerpo": una afirmación arriesgada

El modo de proponer el trabajo corporal busca favorecer
que cada alumno pueda ir experimentando que yo *soy mi
cuerpo*.

Esta expresión implica un grado enorme de aceptación
de lo corpóreo, algo que muchos adultos aún no hemos con-

---

[41] Annick de Souzenelle, *La palabra en el corazón del cuerpo*, Editorial Kier,
Madrid 2016, p. 34.

seguido. Se trata de un proceso que abarcará toda la vida de la persona ya que, al igual que otras dimensiones de nuestra persona, el cuerpo irá viviendo continuos cambios. Algunos de esos cambios requerirán un esfuerzo mayor de aclimatación y aceptación de estos; pensemos, por ejemplo, en la gran transformación del cuerpo del adolescente, en el cuerpo de la mujer tras el embarazo o en los cambios corporales en la tercera edad. Pero la clave de una sana relación con uno mismo y, por lo tanto, con los demás, pasa por una sana comprensión de la afirmación *yo soy mi cuerpo*.

Ciertamente, la afirmación *yo soy mi cuerpo* puede generarnos muchas dudas e incluso no estar conforme con ella. Actualmente, desde la sensibilidad que proviene de la no-dualidad, se nos dice que lo que "yo soy" no puede reducirse a "mi cuerpo", puesto que este desaparecerá, como tampoco puedo identificarme con "mis pensamientos" limitados y limitantes o con "mis emociones" cambiantes. En ese sentido se afirma que "la persona no es su cuerpo, ni si mente ni sus emociones" siendo lo substancial del ser humano su "ser esencial" que es eterno, intangible e inmutable.

Creer en la Encarnación conlleva valorar la corporalidad humana

Sin embargo, desde una antropología cristiana hemos de revisar el lugar que nuestro ser corporal ocupa en nuestra aventura de ser quien se es. La pregunta que nos surge es: ¿Por qué hemos sido creados como seres corpóreos si el cuerpo es más bien como una molestia o algo que trascender? Bajo mi punto de vista, y en un espacio de reflexión cristiana, la fe en la Encarnación de Dios nos obliga a iluminar y resituar nuestra dimensión corporal.

Afirmamos que el Dios que se nos manifiesta en Jesús se encarna, se hace "sarx".[42] En la Biblia, la palabra carne (hebreo *basar*, en griego *sarx*, en latín *caro*) tiene diversas significaciones. En unas ocasiones se refiere a todos los seres vivos y en otras se sitúa en contraposición de Dios subrayando así la fragilidad y debilidad de los seres creados. Eso quiere decir que, en Jesús, Dios asume plenamente la condición humana (excepto en su pecado). En ese sentido, si Dios asume todo lo humano para sanarlo, podemos afirmar que la corporalidad humana es acogida y asumida por Dios.

El hecho de que el Cristo resucitado se muestre en las apariciones con las marcas del crucificado es un claro signo de que el ser corpóreo no queda al margen del camino de la plena humanidad. Por todo ello, desde una espiritualidad cristiana no podemos sin más eliminar nuestra corporalidad del camino de construcción de nuestra persona y, por supuesto, del proceso espiritual.

Tristemente, el menosprecio del cuerpo –tan afincado en muchas formas de espiritualidad– ha traído consecuencias muy negativas a generaciones de creyentes y, por ello mismo, la inclusión del trabajo corporal en las propuestas de crecimiento espiritual se hace a veces tan costoso y suscita reticencias en el entorno occidental.

Trabajo corporal desde una espiritualidad de la entrega

Desde este razonamiento fundamentado en la Encarnación de Dios en Jesús, me atrevo a proponer que sí podemos afir-

---

[42] La doctrina-base de la psicología hebrea radica en los dos principios constitutivos del ser humano: el *basar* (= carne) y el *nefesh* (= espíritu). El ser humano consta de esas dos partes integrantes que provienen directamente de Dios (*cf.* Gn 2,7.23; Lv 13,2; 15,16...).

mar que "soy mi cuerpo". Sin embargo, sin olvidar que nuestra existencia corpórea llegará a su fin con la muerte, propongo entender tal afirmación desde una **espiritualidad de la entrega a los demás.**

Jesús en la última cena, al mostrar el pan que se parte y el vino que se derrama, sitúa en ese contexto –con el previo del lavatorio– la concreción de la entrega y del servicio amoroso a los demás, el camino de la "verdadera encarnación", un modo de vivir que debe corporeizarse, hacerse tangible, concreto, transformarse gesto concreto (lavatorio) y mesa compartida (eucaristía, acción de gracias, ser que se entrega por completo).

Por todo lo anterior, afirmar que "yo soy mi cuerpo" señala hacia un dinamismo de vida en cuyo centro se sitúa la existencia personal como lugar de encuentro y amor a los demás. Evidentemente que tal afirmación se haga vida solo puede hacerse desde un proceso de liberación interior que permita a la persona llegar a esos estadios de "señorío de sí mismo" que Jesús muestra en los evangelios. Solo quien se posee del todo puede darse del todo. Y es nuestro cuerpo el lugar concreto y tangible donde podemos hacer visible nuestra entrega a los demás.

Pasar de "estar sujeto" a "ser sujeto" de mi vida alude también a los procesos de escucha e integración del ser corporal, al igual que alude al ser mental y emocional.

Una experiencia previa: "Yo soy en y con mi cuerpo"

Pero el terreno de despliegue de la EI es la escuela y, por lo tanto, nos situamos en los inicios del devenir vital de la persona. Es por ello por lo que, en esos estadios, hemos de apuntar hacia un previo: "yo soy yo *en* y *con* mi cuerpo".

El trabajo corporal ha de proponerse respetando los diferentes estadios evolutivos del alumno y, de manera general, conviene tener en cuenta que, hasta los siete años de edad, el niño se relaciona y entiende el mundo mediante su cuerpo; por ello, en esas edades, el trabajo corporal –como veremos– debe proponerse de forma lúdica y como apoyo a todo ese hermoso proceso de maduración psicocorporal que vive el niño.

A partir de los siete años, una vez el pensamiento abstracto se hace presente, todo lo relativo al trabajo corporal podrá ser propuesto de un modo diferente en cuanto a la duración de algunas de sus técnicas y la interrelación con los otros dos contenidos.

Mediante el trabajo corporal queremos que el alumno vivencie su corporalidad de forma positiva y profunda en las etapas escolares. Ir descubriendo que el cuerpo no es un objeto, sino el lugar donde me expreso, el lugar donde salgo al encuentro con el mundo y el mundo viene a mi encuentro. Eso es descubrir que "yo soy yo *en* mi cuerpo y *con* mi cuerpo" y es el camino para que pueda despertar en algún momento, quizá una vez abandonado el colegio, al hecho de que "yo soy mi cuerpo" como corporeización de una espiritualidad de la entrega generosa a los demás.

LA INTEGRACIÓN EMOCIONAL

"Son las emociones las que nos permiten afrontar situaciones demasiado difíciles como para ser resueltas exclusivamente con el intelecto".[43]

Cabe preguntarse por qué enunciar el segundo contenido de la EI como "integración emocional" y no como "educación emocional". La respuesta radica en comprender que es la EI la que da sentido al modo en el que vamos a proponer cada contenido.

En el momento educativo actual, en el que la educación emocional ha venido a quedarse en la escuela, hemos de tener la claridad de que, dentro de la EI, la vida emocional de los alumnos y de la comunidad educativa no es parte de un proyecto desgajado de los otros. La interioridad es la matriz de nuestros valores, es la tierra nutriente de nuestros compromisos personales, de nuestra forma de sentir y ver el mundo; por ello, es la interioridad el "humus" para un buen camino de integración de la vida emocional en los procesos de creación de la identidad y de búsqueda de sentido.

Por dicha razón enunciamos este contenido como "integración emocional". Ponemos el énfasis no tanto en educar las emociones cuanto en, sabiendo que están siempre presentes, aprender a integrarlas mejor en nuestra vida dentro del marco de educación de la dimensión interior.

Así, dado que en numerosos centros escolares la educación emocional es ya un proyecto en sí mismo, se ha de tener

---

[43] D. GOLEMAN, *Inteligencia emocional*, Editorial Kairós, Barcelona 1996, p. 33.

claro que, al llegar la propuesta de EI a un centro, todo lo ya activado en referencia a la educación emocional puede y debe integrarse en sus procesos. La EI puede dar sentido y hacer ganar en hondura a propuestas de educación emocional previas o posteriores.

Todo lo anterior es muy importante si deseamos no estar implementando continuamente nuevos proyectos sino generar un modelo pedagógico estable, aunque enriquecido y evaluado continuamente. Hemos de entender desde el inicio que la EI ya lleva en sí misma la educación emocional, en tanto que trabaja el contenido que enunciamos como *integración emocional*.

¿Qué es la integración emocional?

Para comprender de qué hablamos cuando decimos que el segundo contenido de este modelo de EI es la integración emocional, no está de más recordar los siguientes puntos:

- ¿Qué es una emoción?
  Etimología del término: Del latín *movere* más el prefijo "e" = movimiento hacia.
  Es una respuesta o reacción **fisiológica** que surge ante cambios que se producen en nuestro entorno o en la persona. La respuesta emocional consiste en estímulos rápidos e impulsivos que valoran lo que está ocurriendo y nos dan información del significado que eso que sucede tiene para la persona.
- No existen emociones "positivas" ni "negativas", "buenas" ni "malas". Las emociones son un hecho, son una reacción fisiológica ante cambios en mí mismo o en mi entorno. Las emociones "son".

- Las emociones nos permiten gestionar y vivir situaciones cuya complejidad no puede ser afrontada solo por la razón. De ahí que nos refiramos a la "inteligencia emocional" como una más de las inteligencias humanas.
- Aun existiendo unas emociones básicas comunes no todos expresamos nuestras emociones del mismo modo. El educador ha de afinar su capacidad de observación y comprensión de su mundo emocional y de su expresión emocional para poder luego identificar y acompañar a cada alumno en su modo de vivir y expresar sus emociones.
- Desde la EI apuntamos hacia la integración emocional porque no solo queremos identificar las emociones, sino ofrecer a los alumnos las herramientas más útiles en cada etapa de su proceso evolutivo, de modo que sea capaz de ir integrando cada vez mejor su mundo emocional para su bien y el de los demás.
- Desde este modelo de EI como marco pedagógico, la integración emocional se ve apoyada e iluminada por el trabajo corporal y la apertura a la trascendencia.

Además de ayudar a los alumnos a reconocer y expresar sus emociones, en este contenido trabajamos:

- La capacidad de identificar el origen de estas: qué causa en mí esa emoción, por qué esa y no otra.
- Identificar en qué puntos de mi cuerpo se expresa mi emoción. Esto es importante porque las emociones son en primer lugar una reacción física a un cambio en el entorno. En este punto, el trabajo corporal es un camino poderoso para la integración emocional.
- Junto a ello se busca encontrar cauces de expresión emocional cada vez mejores para la persona y para su entorno. Se trata de saber gestionar las emociones.

- Otro objetivo de la integración emocional en el ámbito de la EI es crecer en empatía y compasión.

Y precisamente aquí, en este objetivo de crecer en empatía y compasión es donde la integración emocional debe ser comprendida en relación con la apertura a la trascendencia. Veamos por qué.

Educar el corazón: empatía y compasión

Llevamos tiempo configurando una cultura que tiene como una de sus características un feroz individualismo en el que incluso cuestiones tan importantes como el saneamiento del mundo emocional de las personas quedan revestidas de un exceso autorreferencial.

A todos nos resultan conocidas las repetidas frases "aléjate de las personas tóxicas" o el mantra de "soltar y dejar ir". Si aplicamos una mirada crítica sobre estas afirmaciones (que es algo que la EI desea activar en los alumnos), nos daremos cuenta de que tras esos "eslóganes" se esconde el individualismo propio de las sociedades posmodernas. Afirma el papa Francisco que "el más noble sentido social hoy fácilmente queda anulado detrás de intimismos egoístas con apariencia de relaciones intensas" (*FT* 89).

El peligro es proponer una atención a las emociones que nos encierre aún más en nosotros mismos. Conectar con y comprender mi mundo emocional no es sinónimo de buscar personas y entornos que me hagan sentir bien, desechando a todo aquel o aquello que me hace sentir mal o no me gusta. Precisamente la clave está en integrar las emociones negativas asumiendo que sentirse mal no está mal. Sin el cultivo de la dimensión interior, sin la creación de un sujeto, casi todo lo que no nos apetezca o guste, lo que se salga de nuestros planes, nos va a hacer sentir mal.

Pero, además de todo lo anterior, la EI –desde su raíz en el evangelio de Jesús– entiende que la persona lleva en sí una vocación de trascendencia y es ahí donde "el rostro del otro" resulta un imperativo moral irrenunciable.

Por ello, la integración emocional busca sanear el mundo emocional de los alumnos, pero no solo para "estar bien" sin más, sino para posibilitar que brote la natural compasión que es propia de todo ser humano. De nuevo la voz del papa Francisco resulta esclarecedora a este respecto cuando dice que:

> "Desde la intimidad de cada corazón, el amor crea vínculos y amplía la existencia cuando saca a la persona de sí misma hacia el otro. Hechos para el amor, hay en cada uno de nosotros una ley de éxtasis: salir de sí mismo para hallar en otro un crecimiento de su ser" (FT 88).

Junto a la mirada inteligente basada en los saberes y conocimientos adquiridos en la escuela, debe activarse esa mirada del corazón que sabe mirar más allá. Es aplicar aquello tan bello que el zorro le enseña al Principito en la novela de Saint Exupéry: "Lo esencial es invisible a los ojos, no se ve bien sino con el corazón".

La mirada del corazón pone a funcionar esa "inteligencia emocional" necesaria para ser consciente de las emociones que moviliza en mí el otro y, a la par, con qué emociones y desde qué emociones el otro se relaciona conmigo.

Acompasar la mirada inteligente y la mirada del corazón es un proceso imprescindible en toda vida humana que quiera serlo de veras. Aquí, la empatía y la compasión van de la mano.

Pudiera parecer que empatía y compasión son lo mismo, puesto que ambos términos aluden al hecho de que una persona ve la realidad de dolor o tristeza de otra persona y no se queda impávida. Propongo entender que:

- La empatía es la capacidad de ponerme en el lugar del otro, permitirme pensar y sentir cómo estaría yo en su lugar, cómo me sentiría, qué precisaría.
- La compasión es la virtud de sentir con el otro haciéndome su prójimo al estilo del buen samaritano de la parábola de Jesús.

Cierto es que sin empatía es complicado que alguien sienta compasión por otra persona, pero la empatía puede quedarse en un terreno meramente cognitivo: entiendo el dolor del otro o entiendo las emociones de otro, no las juzgo, sino que entiendo que se sienta del modo en el que se siente. Sin embargo, la compasión hace referencia al *padecer-con,* es decir, no tan solo entiendo tu situación, no tan solo "la veo" sino que mueve mis entrañas, me moviliza, me hace ir hacia ti (hacerme "prójimo", próximo).

Emociones "samaritanas"

La parábola del buen samaritano es el relato paradigmático de un verdadero proceso de EI. Dicho de otra manera: la educación de la interioridad dentro de la escuela cristiana no puede sino apuntar hacia el horizonte de la construcción de relaciones humanas fundadas en la misericordia, la compasión y la justicia.

No podemos conformarnos con un tipo de trabajo sobre las emociones que se base en identificarlas, hablar sobre ellas, empatizar con el estado emocional de otro. Siendo esto bueno y deseable, debemos ir mucho más allá. Lo anterior son los primeros pasos por dar, pero queda mucho más camino que transitar.

Así pues, tomando como relato fundante la parábola del buen samaritano, la integración emocional desea favorecer la emergencia de lo que vamos a denominar "emociones samaritanas".

- La emoción samaritana es aquella que brota ante la situación del otro y "nos mueve hacia el otro".
- Es una emoción provocada concretamente por el dolor del otro, por las carencias del otro, por su sufrimiento.

Porque "lo afectivo es lo efectivo", no puede haber cambio y mejora social si la vida de los otros no me traspasa, si los problemas de los otros no me inquietan, en definitiva, si no me "conmociona" el sufrimiento ajeno y si no siento como mías sus alegrías y logros.

Para que la empatía dé paso a la compasión es preciso que, en el ámbito de la integración emocional, trabajemos en un proceso de "educación de la mirada" de los alumnos de tal modo que sepan articular equilibradamente la mirada hacia mí mismo con la mirada hacia el otro. Aquí claramente estamos en el segundo gran objetivo de la EI que es la construcción de la unidad con los demás, el mundo y el Misterio.

- Solo quien va siendo menos esclavo de sus emociones, solo quien aprende a articular, en términos fisiológicos el cerebro límbico y el cerebro cognitivo, puede comenzar a liberarse de la esclavitud del "yo quiero", "a mí me apetece" para pasar al "tú" y al "nosotros".

Las emociones samaritanas en acción

En la parábola del buen samaritano no hay tan solo pura empatía, sino que lo que atraviesa todo el relato es la compasión; y tal compasión se describe como **actos**, no como ideas. Dice Jesús que "el samaritano, **al verle**, tuvo compasión". El modo en el que el samaritano ve, alude a esa mirada del corazón de la que hemos hablado antes. "Ve" no con la mente, no con las ideas, sino con el corazón y, por ello, como lo que ve es una persona que sufre, no solo empatiza, sino que "tiene" compasión (cum-patere=padecer con). Ni siquiera dice el relato evangélico que "sintiera" compasión (el "sentir" puede ser voluble, cambiante), sino que "tuvo" compasión (el "tener" evoca algo consolidado, siempre presente) y porque tiene compasión "baja de su cabalgadura", actúa:

- Se acerca: se hace próximo, no teme la cercanía.
- Le venda las heridas: reconoce su sufrimiento y actúa.
- Le monta en su cabalgadura: le saca del lugar en el que está, un lugar de intemperie y abandono.
- Le lleva a una posada: le adentra en un entorno más acogedor y amoroso.
- Y cuida de él: continúa a su lado, se hace presente, no se desentiende, no sale corriendo. En el texto evangélico dice que "al día siguiente sacó dos denarios", es decir, permanece a su lado, vela por él, le atiende durante todo el día. Sacó dos denarios de plata y se los dio al posadero, diciendo: "Cuida de él y, si gastas algo más, te lo pagaré cuando yo vuelva". El samaritano concibe su ayuda y compasión sin "fecha de caducidad".

Todo lo anterior es una portentosa descripción de la verdadera compasión que nos permite comprender que la empatía, sin actos, resulta un mero ejercicio intelectual o una reacción pseudoafectiva ante el dolor del otro que no comporta una verdadera y duradera implicación.

Actuar compasivamente, al estilo de la descripción de la parábola, conlleva situarse del lado de los invisibilizados y ninguneados de este mundo para, junto a ellos, crear las condiciones para el restablecimiento de un modo de vida justo para todos los hombres y mujeres y para el planeta.

El papa León XIV, comentando la parábola del buen samaritano, dice:

"Hoy me gustaría hablarles de una persona experta, preparada, un doctor en la Ley, que sin embargo necesita cambiar de perspectiva, porque está concentrado en sí mismo y no se da cuenta de los demás (*cf.* Lc 10,25-37). De hecho, le pregunta a Jesús cómo se «hereda» la vida eterna, utilizando una expresión que la considera como un derecho inequívoco (...). Por eso, Jesús cuenta una parábola que es un camino para transformar esa pregunta, para pasar del «¿quién me quiere?» a «¿quién ha querido?». La primera es una pregunta inmadura, la segunda es la pregunta del adulto que ha comprendido el sentido de su vida. La primera pregunta es la que pronunciamos cuando nos situamos en un rincón y esperamos, la segunda es la que nos impulsa a ponernos en camino".[44]

Añade el Papa que "antes de ser creyentes, se trata de ser humanos". La EI es un camino para cuidar y dar a luz esa humanidad.

Educar la Interioridad pasa por educar nuestra mirada a través del cultivo de "una mística de ojos abiertos" que hace

---

[44] LEÓN XIV, Audiencia general. Plaza de San Pedro (miércoles, 28 de mayo de 2025).

de nosotros hombres y mujeres de esperanza. Parece que lo más natural ante los acontecimientos más dolorosos e injustos de nuestro mundo sería vivir en una cierta desesperanza. Ser hombres y mujeres que miran al mundo con esperanza es vivir y actuar de modo totalmente alternativo, pero radicalmente necesario para seguir adelante. Es preciso saber integrar y encauzar nuestro mundo emocional y es desde donde la EI trabaja las emociones.

He aquí el horizonte hacia el que nos encaminamos aplicando los proceso de la EI, también en lo referente a la integración emocional. Todo lo anterior nos obliga a una lectura mucho más profunda del por qué es necesario generar unos procesos de integración emocional serios, lúcidos, adecuados a cada edad, pero que favorezcan la emergencia de sujetos recios, fuertes emocionalmente, empáticos y, sobre todo, compasivos.

Queremos acompañar a nuestros alumnos en la creación de una identidad personal que no sea ciega a los demás. El otro no está solo ahí para ayudarme a mí, quizá estoy yo aquí para ayudarle. El otro no es ajeno a mí, es parte de mí. El otro, en definitiva, no es "otro" sino "lo otro de mí", es el hermano, la hermana, es igual a mí en dignidad. Ojalá nuestros chicos y chicas se sientan emocionados por su propia vida, pero también por la vida de los demás. Solo así en algunos de ellos y ellas podrá surgir un modo de vida solidario, no con esa solidaridad de determinadas campañas anuales, sino con una solidaridad que se convierta en un modo de ser y de estar con los demás y con el planeta. Un modo de vida en el que la persona siente y afirma que "toda vida es sagrada".

Es precisamente en este punto donde la integración emocional y la apertura a la trascendencia / Trascendencia se dan la mano.

LA APERTURA A LA TRASCENDENCIA

"La espiritualidad es una apertura a la realidad, a los demás y a la gran Alteridad que las religiones han designado con la palabra «Dios». Es estar pendientes de lo real para darnos cuenta de los flujos que nos alimentan (…) Implica descubrir que no estamos solos y que no podemos vivir aislados".[45]

En el ámbito de los objetivos generales, y tal y como hemos señalado anteriormente, proponemos dentro del segundo objetivo general la "construcción de la unidad con el misterio". La palabra "misterio" puede generar confusión y también desasosiego en nuestra cultura científico-técnica. Pero lo cierto es que la existencia tiene una entraña de misterio que debemos aprender a acoger y respetar.

Para esta pequeña reflexión inicial utilizaré extractos de unos de los capítulos escritos por Leonardo Boff en el libro *Mística y espiritualidad*.[46]

Misterio y mística

La palabra "misterio" y la palabra "mística" guardan una estrecha relación. Leonardo Boff dice que "la palabra mística es adjetivo de misterio". Evidentemente, dependiendo del significado que le otorguemos a la palabra misterio no veremos tal relación. En nuestro contexto asumimos su origen en la palabra griega *mysterion*.

---

[45] Josep Otón, *Interioridad y espiritualidad*, o. c.
[46] Leonardo Boff y Frei Betto, *Mística y espiritualidad*, Trotta, Madrid 1996, pp. 13-16.

"En su origen la palabra misterio (*mysterion* en griego, que a su vez proviene de *múein*, que quiere decir percibir el carácter escondido, no comunicado de una realidad o de una intención) no posee un contenido teórico, sino que está ligada a la experiencia religiosa en los ritos de iniciación".[47]

Si atendemos a este significado, proponer la construcción de la unidad con el misterio en la Educación de la Interioridad se relaciona con los procesos que ayuden de forma experiencial a conectar con esa dimensión de misterio de la vida humana y de todo cuanto existe.

El contenido de apertura a la trascendencia / Trascendencia no señala únicamente a los procesos de experiencia cristiana o religiosa, sino que incluye los caminos y experiencias que podemos proponer desde la escuela para que tanto los niños como, sobre todo, los adolescentes y jóvenes permanezcan abiertos a esa dimensión de misterio de sus propias vidas, de las vidas de los demás y de todo cuanto existe. Como señalaré más adelante, sin este respeto hacia la dimensión de misterio de toda existencia será también muy complicado respetar el propio Misterio de Dios cuando la persona tiene una fe religiosa.

Misterio que no es enigma por descifrar, sino experiencia a la que entregarse

Hay que afirmar que educando la dimensión interior queremos favorecer que la persona pueda construir la unidad con el misterio. Puede sonar pretencioso, pero nos situamos en el terreno del "favorecer", "facilitar", "señalar". El edu-

---

[47] O. c., p. 13.

cador que acompaña los procesos de EI sabe que no depende única y exclusivamente de él o de ella que el alumno viva tal o cual experiencia; si lo creyéramos seríamos "magos" y no educadores, porque el "mago" hace aparecer cosas que no están, hace desaparecer cosas que estaban, crea mundos ilusorios, pero el educador, la educadora es, como siempre insisto, "partero y partera de la vida interior de sus alumnos".

Recordamos de nuevo a esas dos mujeres valientes y astutas del libro de Éxodo, Sephora y Fuá, las parteras egipcias, objetoras de conciencia que incumplieron la ley injusta dictada por el faraón según la cual los primogénitos hebreos debían ser asesinados al nacer. Esas dos mujeres que protegieron y cuidaron de la vida son, a mi modo de ver, una inspiración para todo educador y educadora de corazón.

Educar no es hacer magia, sino permitir que nazca lo que ya es y está en el interior bello y vivo de nuestros niños, adolescentes y jóvenes. El educador está llamado a cuidar de esa vida pujante que está asomándose al mundo en sus primeros pasos y manifestaciones. Cuidar amorosa y sabiamente:

- para que no se cierre lo que debe permanecer abierto,
- para que no muera lo que debe vivir,
- para que nazca lo que tiene que nacer.

Pero todo ello ya está, ya es, ya vive en el interior de nuestros alumnos. Nosotros, en todo caso, ayudamos al parto de ese ser con una presencia atenta, amorosa, acogedora y sabia.

Y todo ello, ya lo sabemos, tiene mucho de misterio. Los tiempos de unos no son los de los otros, las reacciones de unos ante la misma propuesta difieren de un alumno a otro, los procesos son personales, aunque trabajemos en grupo.

Por más que a veces lo intentemos, no podemos encasillar a nuestros alumnos ni etiquetarlos; al hacerlo (y tristemente tantas veces lo hacemos), matamos su misterio, lo negamos y podemos, incluso, apagarlo para siempre. Ahí sí tenemos una responsabilidad inmensa, responsabilidad que no nos debe asustar sino inspirar.

Nuestra responsabilidad es –como Séphora y Fuá hicieron– estar al lado de nuestros alumnos de tal manera que neutralicemos, en la medida de lo posible, los sistemas y estructuras que matan el misterio personal de cada uno, que pretenden estandarizar a los niños. Tarea compleja, sí, pero imprescindible y que está desde luego en el núcleo de sentido de la EI.

Como modernos "quijotes" los maestros y maestras de este nuevo siglo debemos velar porque la globalización no llegue al misterio personal. Es decir, que en medio de un mundo globalizado donde vemos que lo genuino, lo artesanal, lo único va siendo desbancado en pro de lo estandarizado, en la escuela hemos de trabajar de tal modo que generemos el dinamismo contrario, un dinamismo que rescate la unicidad de cada persona, su genio, su carisma, su misterio personal porque esa es la riqueza con la que ha venido a este mundo.

Puede parecer que lucharemos contra gigantes y algún Sancho Panza nos avisará de lo inútil de pretender tales cosas, pero creo que ser educador tiene mucho de "quijotesco".

Dice Boff en el libro citado:

"Misterio no equivale a enigma que, una vez descifrado, desaparece. Misterio designa la dimensión de profundidad que se inscribe en cada persona, en cada ser y en la totalidad de la realidad y que posee un carácter definitivamente indescifrable".[48]

---

[48] O. c., p. 14.

Así, el contenido de la apertura a la trascendencia (con "t" minúscula) hace referencia a la necesidad de tomar en serio esa "dimensión de profundidad" de cada persona, de la vida toda. Se trata de entregarse a algo que acontece en el terreno de la experiencia y que solo a posteriori puede ser llevado al campo de la reflexión.

Se sea o no creyente, forma parte de la vida humana el contacto con tantas experiencias que nos traen el mensaje de que la vida es mucho más de lo que vemos con los ojos físicos o de lo que nuestra mente limitada puede aprehender. El hombre y la mujer del siglo XXI necesita reconciliarse con el misterio inherente a la vida y descansar de su pretensión de controlarlo y definirlo todo.

La escuela, con sus modos de proponer el aprendizaje integral, puede acompañar estos procesos que generen una vivencia reconciliada y acogedora con el misterio de "mí mismo", el misterio del "tú" y el misterio de la vida.

"Cuando nos confrontamos con lo infinitamente complejo –la persona humana, hombre y mujer–, ahí es donde tomamos conciencia de lo que significa existencialmente, a nivel experiencial, un misterio y la actitud frente a él es la mística.

Cada persona es un misterio (…) La persona emerge ante sí misma y ante los otros como un misterio desafiante".[49]

La apertura a la trascendencia: una pedagogía del misterio

Si lo que llamamos realidad se nos hace presente como "algo" inaprensible tan solo por el conocimiento, entonces incluir

---

[49] Leonardo Boff y Frei Betto, o. c., p. 14.

la apertura a la trascendencia como tercer contenido de la EI apunta hacia un proceso (palabra clave en toda la propuesta) que favorezca ese "mantenerse abierto" y receptivo ante todo aquello de mí, de los demás, de la vida y de Dios que no alcanzo a comprender.

No se trata de renunciar a la razón sino de adentrarnos juntos, adultos y alumnos, en un saber afincado en la experiencia. Saber con el corazón que hay lugares existenciales donde se manifiesta "algo más", algo no reductible a fórmulas, definiciones, números... Preguntémosle a un adolescente que se enamora por vez primera por qué razón es ella la elegida y no otra, por qué se siente como se siente. Preguntemos a un chico o a una chica que ha perdido un ser querido, que acaba de vivir una decepción con un amigo... Preguntemos a un alumno o alumna que no se entiende a sí mismo... En toda vida hay tanto no expresable con palabras, hay tanta necesidad de una mirada desde el corazón, una mirada sapiencial.

"El misterio no constituye, por lo tanto, una realidad que se oponga al conocimiento. Es propio del misterio el ser conocido. Pero también es propio del misterio seguir siendo misterio en el conocimiento. Ahí reside la paradoja del misterio. Él no es el límite de la razón. Por más que conozcamos una realidad, jamás se agota nuestra capacidad de conocerla más y mejor".[50]

Misterio y conocimiento pueden y deben ir de la mano en este modelo pedagógico de aprender a ser. Para ello es preciso que los propios educadores nos reconciliemos con la dimensión de misterio de la existencia. Si no es así, cualquier

---

[50] LEONARDO BOFF Y FREI BETTO, o. c., p. 15.

alusión o presencia del misterio en la vida del grupo y del alumno la desviaremos, la neutralizaremos por incomodidad personal obstaculizando y dificultando esa necesaria apertura a lo que nos trasciende.

Ser maestro, ser maestra también tiene que ver con:

- Poseer el arte de hacer nacer preguntas en nuestros alumnos antes que pretender dar respuestas a todo.
- Tener la necesaria humildad de manifestarnos ante ellos también con nuestros puntos ciegos, compartir dudas y buscar juntos posibles respuestas.
- Educar así conlleva manifestar una actitud de respeto ante lo que no puede ni debe ser definido ni explicado. En ocasiones la mejor palabra ante algunas vivencias es el silencio que permite escuchar y ver más allá.

Por ello, los adultos hemos de mantener activo el "órgano" capaz de captar ese misterio, que no es otro que el corazón. Así es como podremos acompañar a los jóvenes en su relación con el misterio:

El órgano de captación de ese misterio es el corazón y lo que Pascal llamó "esprit de finesse", espíritu de fineza. Es una actitud de simpatía fundamental, una capacidad básica de sentir a los demás en su situación concreta (corazón). Por el espíritu de fineza nos descubrimos como vulnerables. Somos afectados por los otros y podemos afectarlos.

¡Qué bello sería cultivar ese *espíritu de finura* en las aulas! Eso, en sí mismo, ya merecería ser un objetivo primordial de nuestro modo de educar.

- Educar la interioridad, atendiendo al contenido de apertura a la trascendencia, supone un proceso de cuidado del ser que permita una relación acogedora y significativa, lúcida e inteligente con lo que trasciende el conocimiento y el pensamiento. Que no se cierre en el alumno la puerta de acceso a la dimensión de profundidad de la vida.

Manteniendo esa puerta abierta a lo trascendente, la vida desvela y revela su honda Belleza, se descubren las fuentes de sentido que manan en nuestro interior y puede llegar a vivirse la fiesta del encuentro con los demás desde el corazón; y allí, en el corazón de la vida, late la presencia de un Dios que se goza al ver cómo se despliega el ser de sus hijos e hijas.

"El misterio de la vida me causa la más fuerte emoción. Es este sentimiento el que suscita la belleza y la verdad, crea el arte y la ciencia. Si alguien no conoce esta sensación del misterio o no puede ya experimentar espanto o sorpresa, es que ya es un muerto-viviente y sus ojos han quedado ciegos. Aureolada de temor es la realidad secreta del misterio, la que constituye también la religión".[51]

Ojalá no seamos, como decía Einstein, "muertos-vivientes" incapaces de vibrar con la vida, de festejarla y de acogerla cuando nos trasciende, cuando nos deja sin palabras, cuando nos saca de nuestras zonas de confort.

- Educar la interioridad es *aprender a ser cuidando el ser* manteniendo abierta la mirada interior, la mirada del corazón.
- Educar la interioridad es "saber dar razón de nuestra esperanza" (1 Pe 3,15).

---

[51] ALBERT EINSTEIN, *El mundo como yo lo veo*, Editorial Brontes , Barcelona 2011.

LA APERTURA A LA TRASCENDENCIA: EL MISTERIO DE DIOS

"Más que el ateísmo, hoy se nos plantea el desafío de responder adecuadamente a la sed de Dios de mucha gente, para que no busquen apagarla en propuestas alienantes o en un Jesucristo sin carne y sin compromiso con el otro".[52]

Acompañar experiencias, a través de las cuales emerja el "misterio personal" de cada alumno, hemos visto que es irrenunciable dado que toda persona es misterio, pero misterio que se quiere dar a conocer. La introspección como autoconocimiento y encuentro con lo profundo de mí capacita para ir al encuentro de los demás con mayor apertura para acoger el misterio que el otro es. En las edades escolares donde la construcción de la incipiente identidad personal es la tarea central del alumno, cultivar ese respeto por mi misterio personal y por el misterio del otro resulta de gran importancia.

Entran en ello el cuidado de la propia intimidad y la de los demás y el pudor personal. Pero también tiene que ver con lo que venimos repitiendo, y es la importancia de favorecer y cuidar que no se cierre esa capacidad que tiene el ser humano de abrirse a lo que le trasciende. Aludíamos con anterioridad a las grandes experiencias que nos tocan muy dentro, que nos cuesta explicar con palabras como el amor, la pérdida, etc.

Es ahí, en esa vocación de trascenderse que lleva en sí el ser humano, donde la antropología cristiana sitúa el hecho de que la persona es "capaz de Dios".

---

[52] PAPA FRANCISCO, *Evangelii gaudium* 89.

- El contenido de apertura a la Trascendencia (con "T" mayúscula) hace referencia a la experiencia religiosa, a la fe en Dios.

Creemos en un Dios que, siendo un gran Misterio, ha querido revelarse, darse a conocer, y no de cualquier forma, sino como un Dios Padre/Madre que ama incondicionalmente a los hombres y mujeres, y de modo especialísimo a los "parias" del mundo.

Es en la humanidad de Jesús donde se revela el rostro de Dios. En Jesús, Dios nos explica quién es Él y quiénes somos nosotros. Y es un Dios que se da todo entero hasta el punto de regalarnos su mismo Espíritu, su mismo aliento de Vida, su dinamismo vital.

Abbá-Hijo-Espíritu son las tres manifestaciones concretas del Dios cristiano. Un solo Dios dándose a conocer como Creador, Salvador, Vivificador.

En el contexto cristiano hablar de "Misterio" referido a Dios no evoca algo lejano, alejado de nuestra vida o asequible solo a unos pocos iniciados. Decir que Dios es Misterio, es decir que he experimentado en lo más profundo de mí una Presencia, que he vivido un Encuentro, que he sentido "el toque" de Alguien más allá de mí mismo o, más bien, hondamente inscrito en lo más profundo de mí y de la vida. Primero es la mística, es decir, la experiencia del Misterio, luego viene la religión:

> "La fe solo tiene sentido y es verdadera cuando significa una respuesta a la experiencia de Dios hecha personal y comunitariamente. La fe es entonces expresión de un encuentro con Dios que abarca la totalidad de la existencia, el sentimiento, el corazón, la inteligencia, la voluntad".[53]

---

[53] Leonardo Boff, *Mística y espiritualidad*. Madrid, Trotta, Madrid 1996, p. 17.

En la entraña de este modelo de EI hay un deseo profundo de devolver la vida mística al sí de la religión. La religión es la cristalización en ritos, modos de vida, expresiones, dogmas, de un núcleo incandescente que es pura experiencia. Cuando una religión, la que sea, se aleja de ese núcleo, se enfría y se transforma progresivamente en algo extrínseco a la persona y a la comunidad de creyentes.

Educar la interioridad cuidando del *espíritu de finura* –al que nos referíamos al hablar del misterio referido a la persona–, tiene su repercusión en el modo en el que el creyente, profesor o alumno vivirá su fe.

"En la raíz de cada religión está la experiencia del misterio. Los que experimentan el misterio son los místicos".[54]

Cuidar la apertura a la trascendencia en la escuela significa crear espacios para la experiencia del misterio, experiencia que en algunos alumnos podrá cristalizar en experiencia de Dios. No sabemos cómo ni cuándo, no depende de nosotros, pero podemos cuidar –como ya hemos dicho muchas veces– que esa puerta abierta hacia el Misterio de Dios no se cierre por descuido, por dejadez o por miedo.

Cuidar el *espíritu de finura* (B. Pascal) o la *razón poética* (M. Zambrano) trae el misterio de la persona, de los demás y de Dios al sí del aprender a ser. Ayudará a los educadores y alumnos religiosos a alimentar una fe viva y dinámica, una fe que sea historia de Amor con Dios, un Dios que deviene compañero de camino, hogar, llamada a ser buen samaritano.

Evidentemente en el contexto de aulas en las que ya hace mucho conviven alumnos de diferentes sensibilidades religiosas, cuidar de la apertura a la trascendencia / Trascen-

---

[54] Ib., p. 16.

dencia quiere decir también respetar esas sensibilidades sin renunciar, en el ámbito concreto de la Escuela Católica, al anuncio del Dios de Jesús.

En este sentido, la apertura a la Trascendencia quiere decir también que el alumno descubra que puede vivir su no creencia en unos casos o su vida de fe en una religión diferente a la de otros sin cerrarse a compartir, a escuchar. Mucho avanzaríamos si en la escuela los alumnos aprendieran a respetar con cariño (no solo tolerar) las manifestaciones creyentes o no de su compañeros y educadores. En ello nos jugamos la capacidad de las religiones para ser verdaderamente constructoras de paz y no de confrontación.

Veremos más adelante cuáles pueden ser las concreciones metodológicas y didácticas de toda esta reflexión.

El educador cristiano

El hecho de que en la comunidad educativa de un colegio católico se den cita diferentes sensibilidades religiosas y no religiosas no puede ser sinónimo de que el educador y la educadora cristianos tengan que diluir su identidad o disimularla por temor a "ofender" a los que no comparten su fe.

Esto es algo que algunos educadores viven realmente con sufrimiento y que les genera dudas e incomodidad. Sería bueno que nos quitáramos de encima ese complejo que hace que, por no ofender, por no hacer sentir de menos a otros, los educadores cristianos ofrezcamos casi con la boca pequeña el agua viva del Evangelio.

- Decir que la EI es una propuesta para todos, tengan fe o no, no es sinónimo de crear un gueto dentro de la escuela en el que no se habla de Cristo ni de religión.

Al contrario, esta propuesta de EI nace del Evangelio, se alimenta de él. Aprende de la pedagogía de Dios en la Alianza.

- La EI entiende que el camino de humanización del Evangelio ha de ser anunciado a todos en un lenguaje compresible para todos.

No obstante, crear un modo de trabajo de la dimensión interior que sea significativo para todas las sensibilidades no pasa por renunciar a la propia sensibilidad.

Será bueno situar correctamente qué es la tolerancia, porque a menudo la confundimos con la desafección y un cierto aislamiento y separación.

Tolerar no pasa por saber que hay alguien que es diferente a mí en algo y "dejarlo en paz". Tampoco pasa por esa pretendida inclusión en la que es quien viene a "lo nuestro" quien tiene que cambiar para ser incluido. La verdadera inclusión es una apertura que hace que aquel que es incluido no deba renunciar a nada que le sea esencial ni pretender que aquellos por quien es acogido cambien en su esencia. La inclusión agranda el espacio vital, no crea reducciones. Juntos creamos un nuevo espacio que es suma de identidades diversas.

La verdadera actitud tolerante es aquella que consiste en saber convivir con las diferencias. La clave es con-vivir, vivir con el que es diferente. Y vivir es un verbo que incluye todo: hablar, trabajar, celebrar, construir colegio, barrio, ciudad país, comunidad. En ese contexto vital, las diferencias van a quedar claras y evidentes y el camino de verdadera tolerancia es dialogar con esas diferencias, es más, resulta positivo alegrarnos de esas diferencias y desear aprender y comprender al otro y que ese "otro" aprenda y comprenda algo de mí. Solo así el "valor" se transforma en "virtud":

pasamos de algo teórico a algo vivo que comporta un modo de ser y de estar.

No hablar de Jesús ni hacer referencias al Evangelio en una escuela católica no es ser tolerante, es simplemente huir de los posibles conflictos que imaginamos o percibimos como posibles, y eso no educa.

Si ante una manifestación de fe una persona se siente amenazada, ofendida, molesta, la solución no es acallar mi expresión de fe, sino entrar en diálogo y creer juntos en esa capacidad humana de respetarnos y valorarnos, no "a pesar de" nuestras diferencias, sino "con" nuestras diferencias, las que sean: de religión, pensamiento político, estilos pedagógicos, etc.

Por otro lado, sabemos que el conflicto forma parte de la vida humana. Saber afrontar el conflicto y la confrontación de forma constructiva y respetuosa con el otro es algo de esperar en la escuela porque es indispensable para la vida.

- Trabajar en línea de apertura a la trascendencia / Trascendencia es crear un recorrido pedagógico que nos haga a todos personas abiertas, personas que no solo toleremos la expresión religiosa (o no) del otro, sino que lo respetemos profundamente y construyamos algo juntos sin que nadie obligue implícita o explícitamente al otro a renunciar a su identidad.

Por ello, el educador cristiano ha de poder evangelizar educando y educar evangelizando. Pero evangelizar no es tan solo anunciar la Buena Nueva del Reino con la palabra. Evangelizar es, ante todo, anunciar esa Buena Noticia con palabra y vida. Es la vida del educador la que evangeliza y muchas veces más que sus palabras.

El jesuita Darío Mollá señala que evangelizar es "hacer presente" a Jesús y el Evangelio porque la evangelización es más que palabra, aunque la incluye:

"Jesús no es un personaje de ficción o del pasado, no es un héroe de la épica histórica o de la ficción contemporánea: es alguien vivo (esa es la esencia de la confesión de fe cristiana: Jesús vive) y a alguien vivo se le puede hacer presente".[55]

Subrayo lo de "hacer presente" porque es toda la vida escolar el contexto de la evangelización. No solo los momentos de ir a la capilla o al oratorio, no solo la fiesta del fundador o fundadora u otros momentos de claro componente de fe. En todo momento, el educador cristiano está anunciando (o no) su pasión por el Evangelio, su seguimiento de Jesús.

Por eso, durante las propuestas concretas de EI no debiéramos plantearnos como un problema ni el hablar ni el no hablar de Jesús, del Evangelio o de la fe cristiana. Debiéramos crecer en conciencia de que todo evangeliza. Se trata de saber dar razón de nuestra esperanza cuando nos sea demandada, y hay muchos alumnos que en este tipo de propuestas preguntan directamente al educador por su fe y se preguntan ellos mismos acerca de Dios.

- La EI no consiste en "no hablar de Jesús", consiste en caminar con los alumnos hacia la verdadera humanidad y, en ello, Jesús es Maestro y su propuesta es para todos y a todos quiere llegar.

La EI, ya lo hemos dicho de muchas maneras, anhela entregar gratuitamente los caminos de verdadera humanidad que nos enseña Jesús. No lo hace catequizando, no lo

---

[55] Darío Mollá, sj., *Espiritualidad para educadores*, Mensajero, Bilbao 2010, p. 81.

hace de un modo proselitista, pero tampoco lo hace escondiendo nada; y si el educador es creyente, su modo de proponer los procesos de EI estará impregnado de su fe y así debe ser.

Una vez comprendido el significado de los objetivos generales y de los tres contenidos, veamos cómo podemos crear un proceso de EI atendiendo a las edades de los alumnos.

UNA PROPUESTA DE DESPLIEGUE EN TRES FASES[56]

En el despliegue de la EI se puede optar por seguir las propias etapas escolares. Así, tendríamos una serie de objetivos específicos y modos de trabajar propios de cada etapa educativa.

Teniendo en cuenta los últimos aportes de la neurociencia, paso a proponer un despliegue de la EI en tres fases que tienen en cuenta los momentos de especial calado en la evolución del alumno.

Así, junto a los dos objetivos generales, propongo dos **objetivos específicos:**

* Aprender e interiorizar las técnicas de EI para favorecer la autorregulación emocional.
* Utilizar esas técnicas ya interiorizadas para la búsqueda de la identidad personal y del sentido de la vida.

Estos dos objetivos específicos se despliegan a lo largo de tres fases:

FASE 1: De 3 a 9 años: Aprender e interiorizar las técnicas para favorecer la autorregulación emocional.

FASE 2: De 10 a 15 años: construir la identidad personal y sentido de la vida.

---

[56] En este punto seguimos la propuesta pedagógica que brota de los descubrimientos de la neurociencia en relación con el desarrollo del cerebro de los 10 a los 15 años y que José Antonio Marina expone en su sugerente libro *El talento adolescente* (Biblioteca UP), Editorial Ariel, Barcelona 2014. Aquí tan solo recojo las ideas más importantes que me han motivado a proponer tres fases para la EI. Si se desea profundizar en algunos de estos conceptos recomiendo leer el libro citado.

FASE 3: De 16 a 18 años: construir la identidad personal y sentido de la vida: la vocación personal.

Una explicación desde la neurociencia

Hasta hace unos años me parecía correcto que un programa de EI se desplegara siguiendo las etapas educativas. Desde hace varios años, me inclino más por proponer un proceso de implementación de la EI que tenga en cuenta los aportes de la neurociencia. Teniendo estos descubrimientos en cuenta, la EI se desplegaría en tres fases como veremos más adelante.

La cuestión es que existen datos que certifican que, de los 10 a los 15 años de edad, el cerebro humano aumenta exponencialmente su plasticidad. La neurociencia ha descubierto que lo propio de las conductas de los adolescentes no proviene solo de los cambios hormonales propios de esa etapa de la vida, sino que en el cerebro de un adolescente se están produciendo rápidos cambios en la organización sináptica. Los estudios del cerebro nos dicen que "la adolescencia es una gran oportunidad para construir un cerebro mejor. O una ocasión para desperdiciar el potencial del cerebro".[57]

Si nos tomamos esto en serio, entonces es preciso incluirlo como dato que ayuda a proponer estas tres fases de la EI y unos objetivos específicos para cada una que nos ayuden a ir hacia los objetivos generales ya explicados.

---

[57] Citado en J. A. MARINA, o. c., p. 68.

Objetivos específicos y contenidos de cada fase

1.ª FASE (3-9años)	2.ª FASE (10-15 años)	3.ª FASE (16-18 años)
Objetivos específicos		
APRENDIZAJE E INTERIORIZACIÓN DE LAS TÉCNICAS PARA FAVORECER AUTORREGULACIÓN EMOCIONAL	CONSTRUIR LA IDENTIDAD PERSONAL Y EL SENTIDO DE LA VIDA PARA CRECER EN AUTONOMÍA PERSONAL	
CONTENIDOS		
Trabajo corporal	Trabajo corporal: Mejorar la calidad del pensamiento y de las emociones	Trabajo corporal: Mejorar la calidad del pensamiento y de las emociones
Integración emocional: Autorregulación emocional	Integración emocional: Crecer en autonomía	Integración emocional: Crecer en autonomía
Apertura a la trascendencia / Trascendencia	Apertura a la Trascendencia: Identidad personal Sentido de la existencia	Apertura a la Trascendencia: Mi lugar en el mundo: vocación

PRIMERA FASE DE LA EI: DE LOS 3 A LOS 9 AÑOS
Aprender e interiorizar las técnicas para favorecer la autorregulación emocional

Las experiencias de EI deben servir en las etapas educativas de Educación Infantil y de 1.º a 4.º de Primaria para:

- **Aprender e interiorizar las técnicas propias de la EI.**
- **Favorecer la autorregulación emocional del niño.**

Junto a estos dos objetivos específicos es preciso señalar un reto propio para la EI que atraviesa toda la propuesta y que proviene de la fuerza que a partir de los 7 años de edad va a tener el pensamiento abstracto en la configuración de la identidad del niño:

- **Acompañar a los niños de tal modo que la razón no arrincone ni malogre la capacidad de imaginar e intuir propia del niño.**

El niño: un ser espiritual

Durante su vida, el adulto va a desear regresar a ese estado de sencillez, presencia y unión con todo que tuvo hasta los 7 años. Todo niño vive una espiritualidad natural, innata, espontánea. En los primeros años, tal espiritualidad tendrá mucho que ver con *lo mágico*. A partir de los 7 años, el niño irá abandonando el pensamiento mágico para comenzar a entrar el pensamiento racional.

Atendiendo a la EI, se busca que esa salida del mundo mágico no signifique el exilio de la vida espiritual, la pérdida de la imaginación y de la intuición. Deberemos ofrecer al niño momentos de reflexión e interiorización al nivel que les es propio.

Los sentidos y la espiritualidad

Los primeros siete años de la vida componen la fase del desarrollo físico. El niño se relaciona y entiende el mundo a través de sus cinco sentidos sin mediación alguna de la abstracción. El juego es su actividad principal y el pensamiento mágico es natural en él.

Podemos señalar algunos hitos de los 3 a los 9 años:

- A los 3 años se produce la primera separación del medio, cuando el niño se nombra por primera vez como *yo*.
- A partir de los 7 años, la llegada del pensamiento abstracto va a señalar un gran cambio en la percepción del sí mismo y del mundo por parte del niño. Pasa a la reflexión y la comprensión lógica de las cosas, las llamadas *operaciones concretas*, disminuye por lo tanto el pensamiento mágico. También se desarrolla más la conciencia de sí mismo y la conciencia moral. Los niños de 7 años se sienten más responsables de sus acciones.
- Finalmente, a los 9 años, el primer encaje del *yo* va a tener lugar.

Así pues, en el ámbito escolar, se deberá ofertar una EI en estas edades que priorice la experimentación y el trabajo corporal.

El cuerpo, y en él los sentidos, es el "lugar" desde el cual el niño se conoce a sí mismo en un primer momento, el "lugar" en el que conoce y conecta con los demás, con el entorno. Los sentidos no son un obstáculo para conectar con lo interior, al contrario, a los niños conectar así con lo profundo les resulta muy sencillo y natural.

Será el adulto, el educador, quien deba dejarse enseñar por los niños, ya que en la edad adulta es común haber perdido el contacto y la familiaridad con las experiencias de lo profundo a través del cuerpo, de los sentidos. Los niños viven de forma natural y directa lo que a los adultos se nos ha olvidado por haber dejado más espacio al razonar, al pensar, a la mente racional, en definitiva.

El *trabajo corporal* tendrá un papel protagonista. Las distintas actividades de interioridad que realicemos con los niños serán breves, porque todavía su capacidad de relajación y de hacer silencio están en sus primeras fases de construcción y su cerebro no está maduro para asumir periodos de meditación como los de un joven o un adulto.

Es un primer nivel de EI, donde damos sencillos y pequeños pasos, pero de gran importancia, porque solo podemos llegar a la cumbre si damos esos primeros pasos. Cuanto más tarde se empiecen a experimentar las técnicas, más costoso será asentar en edades posteriores el cultivo y maduración de la interioridad.

Claves referenciales para la EI de los 3 a los 9 años

En estas edades hemos de tener muy en cuenta que la educación es *receptiva*, es decir, las decisiones más importantes con respecto al comportamiento, a cómo cubrir las necesidades del niño con respecto a los valores que se le transmiten, etc., las toman los adultos: padres, entorno familiar y colegio.

Pero hay un elemento propio del niño: su temperamento. El temperamento nace con nosotros, o más bien cada persona viene a este mundo con un determinado temperamento. A partir de este, el niño va a ir adquiriendo unos hábitos, unos aprendizajes, va a comenzar a tener una imagen de sí mismo y del mundo que tendrá mucho que ver con el ambiente en el que cada niño crece. Por ello siempre se ha considerado la infancia como una etapa de capital importancia, ya que en ella se hacen aprendizajes que nos marcan para siempre.

Como veremos más adelante, los nuevos descubrimientos de las neurociencias nos llevan a tener que valorar en su justa medida también la etapa de la adolescencia.

La autorregulación emocional y los buenos hábitos afectivos

Aunque en el origen de los sentimientos hay una reacción inmediata a un evento externo, es cierto que, por la interacción entre el temperamento y los aprendizajes vitales del niño, podemos identificar lo que Marina denomina "estilos afectivos", y que personalmente denomino "hábitos afectivos". Esta es una cuestión central en esta primera fase de la EI y es el núcleo del segundo contenido de la EI, la Integración Emocional en esta primera fase.

En el aula, un educador puede ya identificar esos estilos afectivos en los niños desde los 3 años de edad. Pondré un ejemplo: puede haber niños en el aula que ante el miedo que les genera una nueva actividad, reaccionen siempre con mecanismos de huida: "me duele la tripa", "tengo sueño"... Ese niño por múltiples razones, ha interiorizado un estilo o hábito afectivo que genera una reacción siempre que el sentimiento dominante es el miedo.

El subrayado que podemos proponer en la EI es trabajar en estas edades la creación de **mejores hábitos afectivos,** es decir, que cada niño pueda tener el comportamiento adecuado con respecto a sus emociones. Con *adecuado* queremos indicar que se quiere favorecer un estilo afectivo bueno para el niño y para aquellos con los que se relaciona.

Es en este punto donde el contenido de integración emocional cobra su sentido porque, en la actualidad, la sola "educación emocional" creo que no basta. Se necesita un abordaje más integral de las emociones.

- Es preciso que el mundo emocional no se trabaje desligado de la totalidad de la persona, ni desligado de la cotidianeidad escolar.
- En el ámbito de la EI se trata más bien de un "acompañamiento emocional" que de momentos concretos de educación emocional.

Sin desdeñar lo positivo de haber reintegrado la importancia de las emociones en lo educativo, me parece que empobrecemos tal educación emocional si la hacemos consistir en momentos en los que "ponemos cara de alegría, de tristeza...", sino que precisa también del movimiento, de la palabra, de los símbolos, del juego, etc.

En la infancia, el niño tiene como tarea principal la autorregulación emocional y, para ello, precisa del acompañamiento de los adultos. El día a día de un aula de Educación Infantil y de los primeros cursos de Primaria es ya en sí un verdadero "laboratorio emocional", si se me permite la imagen. Lo necesario sería que el educador cultive su propia inteligencia emocional y la aplique a los miles de momentos intensos con los niños y niñas.

Presento algunos puntos para tener en cuenta en la EI durante esta fase que va de los 3 a los 9 años:

- Sin dejar de ser cierto que la infancia reviste una importancia enorme en el desarrollo de la persona, en el contexto de la EI proponemos que esta etapa de los 3 a los 9 años se centre sobre todo en hacer un recorrido bien secuenciado por las técnicas principales de la EI, aprendiendo su manejo por un uso lúdico de ellas que permita, en la adolescencia, proponerlas con mayor profundidad.
- Iniciar al trabajo corporal como estímulo para descubrir, conocer y valorar nuestro cuerpo, y para introducirles en un descubrimiento no competitivo de sus capacidades, mediante tres actividades corporales: la conciencia corporal en movimiento, la respiración y la relajación.
- Trabajar el gusto por momentos de silenciamiento, a través de la respiración consciente y la relajación, así como de momentos muy breves de meditación.
- Trabajar lo icónico como ejercicio de la mirada contemplativa a través de mandalas y de la contemplación de imágenes.
- El juego como medio educativo de interiorización y de relación con los demás.
- Servirse de la música para abrir canales de comunicación con nosotros mismos, con los demás y con Dios.
- Desarrollar la creatividad como modo de expresión de la experiencia interior.

SEGUNDA FASE DE LA EI: DE LOS 10 A LOS 15 AÑOS
Construir la identidad personal y el sentido de la vida para crecer en autonomía

Las experiencias de EI deben servir en 5.º y 6.º de Educación Primaria y de 1.º a 4.º de Secundaria para generar unas propuestas y un modo de trabajo más elaborado.

Si la secuenciación y el modo de trabajo en las edades previas está bien propuesto, será mucho más significativo y sencillo de llevar a cabo lo que constituye una propuesta de EI desde los 10 a los 15 años de edad.

Una vez la interiorización de determinadas técnicas se ha llevado a cabo entre los 3 y los 9 años, la EI señala ahora, en esta segunda fase, un objetivo de gran importancia educativa:

- **Construir la identidad personal y el sentido de la existencia para crecer en autonomía personal.**

En general solemos afirmar que la edad clave en el aprendizaje y donde debe ponerse el énfasis es de los 0 a los 6 años. Siendo verdad que es una etapa importante en nuestro desarrollo sabemos ahora, gracias a la neurociencia, que **de los 10 a los 15 años el cerebro entra en un nuevo "periodo sensible"**, lo cual genera una enorme oportunidad educativa.

"El cerebro adolescente es un cerebro en riesgo, precisamente por su capacidad de aprender. Es la edad en que cada persona puede hacerse cargo de la formación de su propio cerebro".[58]

---

[58] J. A. Marina, o. c., p. 70.

Marina afirma que los dos mayores cambios en el cerebro adolescente son el desarrollo y consolidación del "cerebro ejecutivo" (voluntad, esfuerzo, autocontrol, selección de metas...) y del "cerebro social". Estos "dos cerebros" aluden claramente a la formación de la "identidad personal" y del "sentido u orientación de la vida", algo que forma parte de las tareas propias de la adolescencia.

La doctora Rosa Casafont, médico neurocientífica, afirma que "en los cerebros adolescentes existe una gran revolución de cambio (...). Estos cambios en los adolescentes se traducen en una susceptibilidad al abandono, en una necesidad de ser reconocidos y en una gran impulsividad".[59]

La EI no puede obviar las posibilidades educativas que encierra este momento de máxima sensibilidad del cerebro adolescente acompañando en estas edades experiencias que favorezcan que corazón y cerebro trabajen juntos.

Es necesario indicar que cuando se proponen la construcción de la identidad personal y del sentido de la vida, como objetivos específicos de las dos últimas fases de la EI, hemos de ser conscientes de que una persona realmente precisa muchos años de su vida para clarificar su identidad y para profundizar en el verdadero sentido de su vida. No obstante, en las edades escolares se han de poner los cimientos mediante las reflexiones y aprendizajes que hagan del adolescente alguien con deseos de ser protagonista de su propia vida poniendo en juego su talento personal.

- Se trata de crear hábitos de pensamiento y de actuación que pongan al alumno en camino hacia sí mismo y hacia

---

[59] Rosa Casafont i Vilar, "Cuando cerebro y corazón trabajan unidos. Neurociencia e interioridad", en *La interioridad como oportunidad educativa*, PPC, Madrid 2018, pp. 48-49.

los demás de un modo creativo, proactivo y compasivo, es decir, desplegando su verdadera humanidad.

• Por ello se señalan la mejora en el pensamiento y una mejor calidad emocional como propuesta dentro del trabajo corporal. Pensar y sentir mejor ayudan a crecer en autonomía personal.

El trabajo corporal, a través de diferentes técnicas, sitúa siempre a la persona en el presente de un modo rápido y ameno. Estar en el presente descansa la mente de nuestro discurso mental lleno, tantas veces, de cierta negatividad hacia uno mismo. Cualquier técnica de trabajo corporal bien secuenciada a lo largo del proceso educativo hará inmensos aportes en línea de la mejora en la calidad del pensamiento y de las emociones.

Alcanzar mayor autonomía personal

¿Por qué esta propuesta de "alcanzar mayor autonomía personal? En este punto nuestro modelo de EI sigue la propuesta pedagógica que brota de los descubrimientos de la neurociencia en relación con el desarrollo del cerebro de los 10 a los 15 años y que José Antonio Marina expone en su sugerente libro ya citado (*El talento de los adolescentes*).

Señala Marina que en esa etapa que va de los 10 a los 15 años de edad tenemos ante nosotros, educadores, familia y escuela, la posibilidad de llevar a cabo una "pedagogía de la decisión".

Para no extendernos, simplemente constatamos que, teniendo en cuenta esa enorme plasticidad del cerebro humano en esos años, aplicar sistemáticamente la meditación en el aula, la conciencia corporal, la capacidad de contemplación e interiorización de símbolos, y todo aquello que facilita el acceso amable y comprensible al interior, supondrá sin duda una aportación necesaria y positiva en el desarrollo de la personalidad.

Este desarrollo de la personalidad tiene que ver con lo que Michael Fullan, uno de los pedagogos que encabeza el proyecto educativo "Nuevas pedagogías para el aprendizaje profundo", señala acerca de tal aprendizaje profundo:

> "Renovar nuestros objetivos para la educación y el aprendizaje, para incluir habilidades que preparen a los alumnos para ser solucionadores creativos, conectados y colaborativos de problemas durante toda su vida y para ser personas sanas y felices que contribuyan al bien común en el mundo actual globalizado e interdependiente. Necesitamos que nuestros sistemas de aprendizaje alienten a los jóvenes a desarrollar sus propias visiones sobre lo que significa conectarse y prosperar en su mundo constantemente emergente, y dotarlos de las habilidades necesarias para alcanzar esas visiones. Este concepto amplio, que abarca la idea más amplia de la prosperidad humana, es lo que entendemos por «aprendizaje en profundidad» o «Deep Learning»". [60]

La propuesta de Educación de la Interioridad que ofrecemos en este documento creemos que encaja de lleno con ese aprendizaje profundo de todo cuanto se requiere para ayudar a nuestros alumnos a adquirir el autoconocimiento y el desarrollo moral y espiritual necesarios para ser personas felices y agentes de mejora de la sociedad.

La importancia que el pensamiento lógico va a tener de los 10 a los 15 años genera una vida interior que irá creciendo en complejidad, y en la que lo emocional va a tener una

---

[60] Citado en J. A. Marina, *El talento de los adolescentes*, p. 217.

potencia enorme en sus tomas de decisión y actuaciones. Pero resulta de capital importancia explicitar que el adolescente puede autogestionar su inteligencia. Dicho de otro modo: el adolescente puede tomar decisiones de manera responsable.

Una pedagogía de la decisión

No está de más recordar en este punto la etimología del verbo "educar", a la que ya nos hemos referido, y que nos recuerda que el educador debe ayudar al alumno a "traer hacia fuera", a dar a luz la sabiduría que lleva en sí y que también tiene que ver con ayudar a que cada alumno descubra y potencie su talento personal.

En este sentido, la Educación de la Interioridad en un contexto escolar debe tener como punto de partida la plena conciencia de que el acto de educar nada tiene que ver con concebir al alumno como un agente pasivo, sino al contrario; desde la pedagogía de la educación de la interioridad, el alumno es un ser que ya tiene dentro de sí todo aquello que le capacita para ser una persona feliz y aportar lo mejor de sí a este mundo. Por eso:

- El alumno debe ser el protagonista de su proceso educativo.
- Y el educador, un testigo-acompañante del proceso de cada alumno.

Las propuestas de la EI priorizan, como veremos, una metodología activa que busca favorecer espacios para la experiencia y la reflexión posterior. Estos espacios quieren que sea el adolescente quien dé forma, de alguna manera, a la sesión o al taller. Ellos y ellas son los protagonistas y el acompañante de la experiencia observa, indica, facilita ejercicios, herramientas de introspección y de relación con los demás, pero es cada alumno el que está llamado a personalizar la experiencia asumiendo con responsabilidad su nivel de implicación o de pasividad, de profundidad o superficialidad en la propuesta.

Hay varios verbos que configuran la EI desde la segunda a la tercera fase: "buscar", "elegir", "organizar", crear". Estos verbos inspiran y están presentes en cada propuesta de EI en estas edades. Algunas razones para ello:

- **Buscar:** Todas las personas buscamos algo. De alguna manera podemos decir que nuestras búsquedas hablan de nuestros verdaderos anhelos y estos, a su vez, hablan de lo que es de verdad importante para cada uno.

  El adolescente imagina su futuro, hace proyectos. Es importante aportar en estas edades experiencias y reflexiones que permitan que cada alumno pueda darse cuenta de por dónde va el mundo de sus "ensoñaciones" y ver si ahí aparecen incipientes proyectos vitales, búsquedas profundas que orienten la vida.

- **Elegir:** La capacidad de elegir o el acto de elegir es como la otra cara de la moneda del verbo buscar. Elijo en función de lo que busco. Por eso es de capital importancia ayudar al adolescente a ser fiel en sus elecciones sobre aquello que es su búsqueda o anhelo más sincero. En los modos de elección y en lo que termina eligiendo, la persona se juega el ser o no fiel a su proyecto vital.

  No puedo evitar en este punto citar la frase de G. Moustaki: "crecer es *elegir* hasta convertir lo que se ha nacido en lo que se es".[61]

---

[61] Esta frase da origen a una gran parte de mi libro *Ser*, citado anteriormente. La memoricé tras leer una entrevista a Georges Moustaki en un periódico.

- **Organizar:** En este verbo se refleja la capacidad del ser humano de ser constructor de su vida. Organizar tiene que ver con establecer metas realistas que permitan a la persona acercarse cada vez más a sus anhelos, al modo en el que quiere vivir y a la persona que quiere ser. Este verbo es el que ayuda a ir transitando desde el "yo real" al "yo ideal". No obstante, no hemos de olvidar que, en la misma medida en que cada persona crece en autoconocimiento y vive más experiencias, puede aparecer una necesidad de "re-organizar" la vida en obediencia a nuevas comprensiones de uno mismo y del sentido de la vida. La EI puede ser un camino excelente para que el adolescente se dé cuenta de si sabe o no organizarse en función de sus metas y busque cómo mejorar su capacidad de tomar decisiones que le acerquen de veras a ellas.
- **Crear:** Conjugando los tres verbos anteriores, la persona se va convirtiendo en el "creador" de su vida. Si bien es cierto que nadie es autosuficiente y que todos hemos necesitado la ayuda de muchas personas para alcanzar nuestras metas, también es cierto que sin el acto de voluntad de ser protagonista de mi vida es muy complicado concretar un proyecto vital serio. Y es aquí donde la EI puede ayudar al adolescente a caer en la cuenta de la importancia de su mundo relacional a la hora de concretar su incipiente proyecto vital y hacer fructificar su talento personal. El autoconocimiento y la relación con los demás han de equilibrarse y retroalimentarse dentro de este verbo "crear".

En *El talento de los adolescentes*, Marina afirma que "establecer metas y hacer proyectos son funciones ejecutivas esenciales y ambas son tareas de la adolescencia que nos permiten anticipar el futuro, pensarlo, decidirlo en parte" (p. 182).

TERCERA FASE DE LA EI: DE LOS 16 A LOS 18 AÑOS

Construir la identidad personal y el sentido de la vida para crecer en autonomía

La vocación

En esta última fase, en el despliegue de la EI se recogen los aprendizajes, experiencias y reflexiones realizadas en edades anteriores y se reordenan en torno a un tema central: la vocación.

¿Qué es la vocación?

La palabra "vocación" proviene del latín "vocatio", que significa "acción de llamar" o "llamamiento". Este término se relaciona con el verbo "vocare", que significa "llamar", y el sufijo "-ción" que indica una acción. La RAE define la vocación como "la inclinación o pasión que una persona siente hacia una profesión, actividad o forma de vida".

Propongo que, teniendo en cuenta los fundamentos antropológicos y espirituales que hemos visto con anterioridad, entendamos la vocación de la persona como algo arraigado y latente en el corazón de cada ser humano y que afecta a todas las áreas de su configuración personal y social.

Nos referimos a un núcleo personal que irradia su luz hacia todas las esferas de la vida y lo reordena todo. Lo explicaré a continuación.

¿Conoces tu "asterisco"?

Hace ya bastantes años que encontré en el inmenso continente digital una imagen que después he seguido viendo en numerosos blogs, webs y artículos de todo tipo.

La imagen es esta que ves arriba. No sé quién fue su autora o autor, pero me parece acertadísima para servir como punto de partida de todo tipo de reflexiones sobre el sentido de la vida, la orientación profesional y otras cuestiones que entran de lleno en la EI.

Te propongo que la mires con tus ojos de adulto, adulta. Primero observa este gráfico, sus diferentes círculos e intersecciones. Luego intenta poner nombre al asterisco. Solo cuando hayas intentado poner nombre al centro del gráfico lee mi propuesta.

- Si revisamos con sinceridad y lucidez nuestros modos de vida, veremos que de forma progresiva el círculo inferior ("por lo que te pagarán") ha ido cobrando más y más importancia en nuestra vida como resultado de una "cultura del tener".

- La intersección entre "lo que haces bien" y "por lo que te pagarán" da como resultado la "profesión". Cuando estos dos son los únicos círculos que se interseccionan en la búsqueda de nuestro camino profesional, es más, cuando reducimos el despliegue de nuestra persona a esas dos esferas, entonces salimos perdiendo todos: la persona y la sociedad, porque quedan al margen "lo que el mundo necesita" y su intersección "vocación", y tampoco está presente la necesaria "pasión" por algo más que no sea el medrar o el ganar más.

- Cuando, llegada la edad de plantearse unos estudios profesionales, abunda más la primera intersección mencionada ("lo que haces bien" y "por lo que te pagarán"), entonces el resultado es que va desapareciendo la dimensión vocacional de lo que hacemos y, finalmente, lo que hacemos es un mero instrumento, más o menos desagradable o agradable, para ganar dinero y mantener esa "calidad de vida" que nos han hecho creer que, sobre todo, consiste en tener cosas.

- Elegir un trabajo que "me dé dinero" es lícito, pero olvidar las otras dimensiones posibles nos empobrece como individuos y como sociedades. Nos convierte en meros supervivientes o resignados ciudadanos más o menos "bien estantes", restándonos las necesarias energías personales y colectivas que nos capacitan para un verdadero cambio social, para la tan necesaria reconstrucción de nuestros modelos de vida desde presupuestos que no sean el mero enfrentamiento o la reproducción de modelos que ya han demostrado que solo generan pobreza, divisiones, guerras e injusticia.

Atendiendo a nuestra propuesta de EI, te propongo entender que:

- Tenemos una urgente obligación en nuestros proyectos educativos: facilitar a nuestros alumnos desde niños una sensibilidad que incluya todas las esferas posibles en la vida de una persona, también las dimensiones de "vocación", "misión" y "pasión", términos que actualmente nos son poco familiares y que, en ocasiones, no están presentes a la hora de elegir un Bachillerato o un Ciclo Formativo concreto.
- Cuando no se ayuda a la persona a crecer conociendo todas las esferas o ámbitos sino tan solo refiriéndose a "lo que me gusta" y "me hace ganar dinero", el equilibrio se pierde y sus consecuencias posteriores pueden ser graves:
  - Vida vivida por y para lo económico (conseguir más y más y cifrar la valía personal en "lo que se posee").
  - Pérdida progresiva total o parcial de la dimensión de gratuidad y de servicio a los otros que imposibilita o dificulta sobremanera la aparición de la capacidad de agradecimiento y de sorpresa ante lo pequeño de la vida, ganando terreno la exigencia y la queja, así como la sospecha y la tacañería.
  - Se cierra la puerta, progresivamente, a la compasión y la solidaridad hacia los problemas de los que están más allá del círculo de "los míos".

Pero fijémonos en que, en el dibujo que comparto, hay un "asterisco" en el centro, un centro sin nombre. Curiosamente, la vocación, eje central de la EI en esta tercera fase, no se presenta como central.

Me parece sumamente interesante porque lo que se nos dice es que en toda persona existe un "centro", un núcleo personal que genera orden, sentido o una luz que ilumina el resto de ámbitos.

- Ese "asterisco" del esquema tiene que ver con aquel "Debir" del que hablábamos al explicar la fundamentación cristiana de la EI. En definitiva, la vocación personal aparece o va apareciendo con mayor claridad en la medida en la que nos adentramos en una escucha más y más profunda de nuestro corazón, de nuestro ser profundo. No obstante, nunca deberíamos olvidar que estamos acompañando a personas que empiezan a construir su vida. El tanteo y el error forman parte de los aprendizajes. La EI se ocupará de acompañar procesos que permitan al alumno ampliar la comprensión de la vocación personal. Por ello:

- El contenido de apertura a la trascendencia / Trascendencia es el contenido central en las dos últimas fases de este camino educativo, pero muy especialmente en la tercera fase.

La apertura a la trascendencia / Trascendencia como contenido y referido al esquema de esferas de la vida que estamos comentando, significa que:

- Vivir "descentrados", vivir sin un centro, provoca dolores en el cuerpo, en la mente y en el alma. Todos necesitamos descubrir y conectar con nuestro centro personal.
- Cuando incluimos todas las esferas en la construcción de nuestra vida se facilitan en la persona modos de vida equilibrados que le sacan del puro "ego" en su dimensión más inmadura.
- Educar en la familiaridad con todas las esferas y sus "intersecciones" facilitará el descubrimiento del talento personal y la escucha del verdadero anhelo, que como ya explicamos en otra parte de este libro pertenecen a la esfera del corazón y no del ego.
- Identificar el anhelo profundo, cultivar la escucha interior incrementa la capacidad de otro tipo de "descen-

tramiento": el que consiste en pensar y actuar no solo en función de uno mismo sino dando espacio amplio a "los otros": el cercano y el lejano y con especial atención a quienes cerca o lejos sufren.

– Nos situamos en este punto en el segundo objetivo general de la EI que es la construcción de la unidad con los demás, el mundo (ética, política y ecología).

• Educar desde las raíces del Evangelio conlleva incluir en nuestras propuestas educativas, especialmente en los últimos años de escolarización, las dimensiones de "lo que amas" y "lo que el mundo necesita", junto a la "pasión", la "misión" y la "vocación".

Seguimos conjugando verbos

Los cuatro verbos presentes en la segunda fase de la EI (buscar, elegir, organizar, crear) deben seguir conjugándose en esta tercera fase. Sería absurdo pensar que cuestiones tan "de fondo" en el desarrollo de la persona puedan agotarse en un curso escolar ni en una etapa educativa.

Lo que haremos será ordenar esa conjugación de verbos en torno a un sustantivo central: la vocación.

Nos encontramos en el momento de la transición a la edad adulta. Los alumnos y alumnas que cursan el Bachillerato, o los que van a elegir otro camino formativo, viven ese fascinante momento que causa a la par enorme ilusión y puede hacer sentir vértigo. Termina la tutorización propia del colegio y todo lo que viene ahora le es desconocido.

Por esta razón, entre los 16 y los 18 años, la EI debe centrarse en ofrecer a los alumnos los aprendizajes y reflexiones más útiles para que aparezcan las preguntas y planteamientos vocacionales.

Pero, como hemos indicado, todo ello la EI lo afronta acompañando al alumno en la conexión con el centro de su persona, con su ser más profundo.

De nuevo me permito acudir a un hermoso recuerdo en mi experiencia con adolescentes. Sucedió durante una convivencia cristiana para un grupo de alumnos de Bachillerato. Al ser una convivencia, la asistencia era voluntaria. Los responsables del grupo me indicaron que había un chico que había querido ir, pero que era manifiestamente ateo. A mí me pareció estupendo. En cada actividad, este chico participó activamente y con gran interés. De vez en cuando nos hacía ver su posicionamiento no creyente con claridad, pero también que le interesaba mucho lo que allí se estaba proponiendo. A punto de terminar la convivencia, hicimos una de las dinámicas más potentes y el grupo quedó muy "tocado". Mientras todos escribían en sus diarios de interioridad el eco de sus vivencias, este chico los miraba a todos, en silencio, tranquilo y, tras un rato grande, le vi escribir en su diario. Al abrir un tiempo para compartir, pidió permiso para leer lo que había escrito, se titulaba "¡Es muy fuerte!", y decía así:

"La gente escribe, hay quien llora. Es muy fuerte. La gente piensa, imagina, razona y experimenta. ¡Estoy flipando! Gente así vale mucho, podemos cambiar el mundo, podemos acabar con las penas e injusticias que padece este. ¡Ellos valen y yo me lo creo! Lo que sienten lo han de expresar y cuanta más gente lo vea y comprenda, mejor. ¡Podemos hacer grandes cosas!"

Este texto lo tengo enmarcado y preside una de las estanterías de mi despacho en casa. Cuando dudo de si todo esto tiene o no sentido, lo leo y evoco aquel momento y muchos otros en los que he sido testigo de tantísima vida interior bella, llena de dinamismo como tienen los adolescentes y los jóvenes.

Educar la interioridad es todo esto, y mucho más. Llegados a estas edades, el proceso puede ganar en hondura y significatividad por el peculiar momento que viven estos chicos y chicas que ya dejan atrás la adolescencia, cumplen su mayoría de edad y quieren saber quiénes son y cuál es su lugar en el mundo, porque, ciertamente... ¡pueden hacer grandes cosas!

METODOLOGÍA DE LA EDUCACIÓN DE LA INTERIORIDAD

Es importante subrayar que una cosa es la metodología y otra las técnicas. Con toda rotundidad optamos por una *metodología activa*, y es dentro de ese marco que parte de la experiencia personal y grupal donde utilizamos diferentes técnicas.

- Entendemos por metodología activa aquella que sitúa en primer lugar la experiencia personal y del grupo generando un modo de hacer en el que el protagonista es el alumno y el grupo
- El educador es aquel que propicia que la experiencia tenga lugar y la acompaña con su presencia, con su observación, con sus gestos y sus palabras.

Esta centralidad de la experiencia, inscrita en el modo de actuar de Dios, es lo que en lenguaje coloquial podríamos expresar diciendo "que me pasen cosas".

Sin experiencias significativas no pueden nacer interrogantes, ni brotar las certezas.

Pero el hecho de situar lo experiencial como centro de la propuesta metodológica ni anula ni menosprecia el imprescindible ejercicio de la reflexión personal y grupal.

Es por ello por lo que, en la entraña de la EI como modelo pedagógico, la palabra está presente en el inicio, en el medio y en el fin de las experiencias propuestas.

La palabra en el inicio

- Cuando un educador se dispone a animar un ejercicio que favorezca la conexión con la interioridad, sea este de corta duración o más extenso, el modo de proponer no solo es importante en cuanto al lenguaje no verbal (siendo este tan importante y revelador), sino que debe prestarse atención y poner cuidado en las palabras que elegimos para describir el *cómo* y por *qué* haremos las cosas.

- Indica la importancia de saber cómo crear expectativa, es decir, favorecer que el alumno sienta ganas de adentrarse en la propuesta, de ser protagonista. Para ello es necesario aprender a no explicarlo todo, en el sentido de no desmenuzar los ejercicios antes de tiempo. Hay modos de introducir una sesión que pueden favorecer la ilusión, las ganas de participar o atraer la atención, al igual que hay modos de recibir al grupo que ponen al alumno "en guardia" o simplemente, le desaniman.

- Deseo señalar en este punto la riqueza para un educador cristiano de situar la Palabra como fuente de inspiración de su camino creativo *(la Palabra en el inicio)*, es decir: hay infinidad de relatos bíblicos que pueden inspirarnos para crear ejercicios de EI.

La palabra en el medio

- Es muy importante tomar conciencia del valor mediador de la palabra en muchas de las técnicas que aplicaremos en la EI. No se pueden decir las cosas de cualquier modo. Evidentemente, esta capacidad para ir adquiriendo el "verbo" adecuado para describir y acompañar la experiencia, será un camino de aprendizaje por parte del educador que también ha de ir encontrando su modo personal de decir las cosas. Es necesaria una mezcla de exactitud en lo referente al aspecto técnico y de un estilo lo más personal posible en lo referente a dejar fluir su propia vivencia interior a través de las palabras que elige decir y cómo elige decirlas.

- Resulta claro que, a mayor formación en las diferentes técnicas, mejor vocabulario utilizará el educador, al igual que a mayor recorrido vital, a mayor nivel de autoconocimiento, a mayor recorrido espiritual que "tenga" el educador, más atinará con las palabras que pueden apoyar ese camino en los alumnos.
- En este sentido, con el paso de los años me va pareciendo que cobra más importancia que los educadores que deseamos ayudar a esa conexión con el interior, leamos y estudiemos todo lo que podamos acerca de las técnicas que proponemos, acerca de los contenidos que tratamos, etc., y, junto con ello, seamos cuidadosos con nuestra interioridad porque al final todo eso se trasluce en nuestras palabras ya que "de la abundancia del corazón, habla la boca" (Lc 6,45).

La palabra en el final

- ¿Cómo cerramos una propuesta de EI, sea corta o más extensa? Ahí también podemos aportar o no para que la experiencia sea más o menos rica. Con nuestra palabra podemos y debemos iluminar el final de cualquier propuesta, indicar el horizonte de sentido hacia el que señala. Tan importante como el inicio de algo es como lo concluimos. Ahí puede estar la piedra de toque de algunos momentos, ya que en el ámbito escolar el tiempo juega tantas veces en nuestra contra y puede obligarnos a cerrar apresuradamente una sesión con tal de que el grupo y nosotros mismos, los educadores, lleguemos a tiempo a la siguiente clase o actividad. Por eso es tan importante ser conscientes de los tiempos que precisan las diferentes propuestas y hacer lo posible por interiorizar esos tiempos para que cada momento de una sesión pueda tener su significatividad propia, especialmente si son sesiones de más complejidad y duración.

- Pero la palabra en el final también quiere decir que, cuando la propuesta ha sido especialmente compleja, es imprescindible dejar al grupo el tiempo necesario para reflexionar, sea a veces primero individualmente (mediado por el diario de interioridad) y luego en grupo (asamblea).

Sea como sea, forma parte de nuestra metodología que el alumno, atendiendo a su edad, vaya creando su propio "verbo", sepa "empalabrar" las experiencias que vive, sus emociones, sus sensaciones físicas, sus vivencias personales y grupales, sus dudas, sus certezas y sus aprendizajes.

Cuando decimos que la metodología ha de ser activa no significa jugar con las personas, lanzarlas a vivir un caos de situaciones que las deje removidas sin ningún sentido o sin el acompañamiento preciso.

El educador, en el ámbito de la EI:

- Por un lado, prioriza una experiencia radicada en un constructo teórico claro, que se propone por algo, no "porque sí".
- Por otro lado, debe tener claro que ello jamás será sinónimo de que se llegue a ese objetivo siempre, ni de que todos vivan lo mismo, ni lleguen a las mismas comprensiones.
- El "guion" que el educador ha preparado en una sesión estará siempre sujeto al único guion real: lo que vivan y expresen en ese momento concreto cada chaval y el grupo en su conjunto. Dicho de otra manera, lo de menos es lo que el educador quiere que el grupo viva, lo esencial es lo que de verdad pasa en el grupo y en cada

alumno. Pero para poder relativizar el guion de la sesión, tal guion debe existir y ha de tenerse claro para poder incluso improvisar atendiendo a lo que de verdad pasa durante la sesión.

Partir de una metodología activa favorece, especialmente en la edad clave de la adolescencia, la toma de decisiones.

LAS TÉCNICAS

La metodología activa propia de la EI la llevamos a cabo utilizando múltiples técnicas. Es por ello por lo que en el proceso formativo de EI es conveniente identificar cuáles de esas técnicas queremos y podemos proponer, porque aquellas que propongamos deben ser perfectamente conocidas y controladas por el educador.

En la siguiente tabla ofrezco las técnicas que pueden formar parte de un programa de EI. En este momento tan solo las dejo indicadas. Su explicación y las propuestas de implementación en cada fase será el tema de próximos libros.

A veces podemos reducir los procesos de EI a técnicas como la "relajación", la "respiración consciente" y la "meditación".

Si realmente nos proponemos los objetivos que ya hemos mencionado, necesitamos favorecer el uso de múltiples técnicas. Para ello:

- Será preciso que el claustro de educadores identifique qué técnicas van a ser las que se usen de verdad y qué formación es necesaria para ser diestros en su uso. A veces, se puede comenzar por potenciar tres o cuatro de estas técnicas y a medida que el programa de EI crece y madura, ir añadiendo otras a posteriori.

	1.ª FASE "EI" (3-9 años)	2.ª FASE "EI" (10-15 años)	3.ª FASE "EI" (16-18 años)
Trabajo corporal	Respiración consciente Relajación Masajes Diario de Interioridad (a partir de los 6-7 años) El juego o lo lúdico como ambiente general de todas las propuestas.	Respiración consciente Relajación Masajes Conciencia corporal en movimiento Expresión corporal Voz Juegos Diario de Interioridad	Respiración consciente Relajación Masajes Conciencia corporal en movimiento Expresión corporal Voz
	1.ª FASE "EI" (3-9 años)	2.ª FASE "EI" (10-15 años)	3.ª FASE "EI" (16-18 años)
Integración emocional	Visualización Lenguaje simbólico (dibujo libre con pintura de dedos, modelaje de plastilina, expresión corporal, etc.)	Conciencia corporal en movimiento Visualización Lenguaje simbólico Juegos Voz Lectura Diario de Interioridad	Respiración consciente Conciencia corporal en movimiento Visualización Meditación Expresión corporal Gestos Lenguaje simbólico Cinefórum Lectura Trabajo biográfico Diario de Interioridad

	1.ª FASE "EI" (3-9 años)	2.ª FASE "EI" (10-15 años)	3.ª FASE "EI" (16-18 años)
Apertura a la trascendencia / Trascendencia	Mandalas Visualización Contemplación de imágenes Lenguaje simbólico	Mandalas Visualización Voz Contemplación de imágenes. Meditación Oración contemplativa Diario de Interioridad	Mandalas Visualización Lenguaje simbólico Contemplación de imágenes Meditación Oración contemplativa Lectura textos sagrados Trabajo biográfico Gestos

- Cada técnica puede aparecer en varios contenidos a la vez. La persona es un todo perfectamente imbricado y todas sus dimensiones quedan afectadas durante la práctica de una técnica.
- No se proponen técnicas nuevas en cada fase. Lo adecuado es crear un proceso bien articulado en el que el alumno pase de aprender e interiorizar las técnicas a que en los últimos años de escolarización su uso esté al servicio de propuesta de mayor profundidad.
- Igualmente hemos de señalar que algunas de estas técnicas pueden ser utilizadas en el ámbito de las rutinas, de las sesiones o de los talleres de interioridad.

Técnicas y ejercicios: parecen lo mismo, pero no lo son

Algo que nos va a ayudar mucho, a la hora de comenzar a crear nuestra hoja de ruta de EI, es diferenciar bien entre lo que es una técnica y lo que es un ejercicio.

Una *técnica* es un tipo de trabajo que favorece algo en el nivel corporal o emocional o espiritual. Cada técnica, a su vez, puede desplegarse en varios *ejercicios*. Se entenderá mejor con un ejemplo.

Los masajes son una técnica estupenda de trabajo corporal e integración emocional. Pero dentro de los masajes podemos identificar múltiples ejercicios:

- Automasajes: en las manos, en el rostro, en la cabeza, en el cuello, con una pelota en la planta de los pies, etc.
- Masajes por parejas: con una pelota en los pies, en la espalda (tumbados, sentados, de pie), en los brazos, etc.
- Ruedas de masajes: la clase se divide en dos o varios grupos; se trabaja a modo de "rueda", una mitad del grupo está tumbada y la otra mitad dará el masaje pasando a modo de rueda por cada compañero.

Esta diferenciación entre técnica y ejercicio es importante porque tener claro el número de ejercicios que conocemos de una misma técnica nos puede ayudar a hacer un despliegue más ordenado de las técnicas que escojamos para la EI.

Cada ejercicio debe tener su propia denominación o "título". Cuanto más exactos seamos en esto, mejor. No es lo mismo reunirnos para planificar, por ejemplo, las rutinas que queremos para una determinada etapa y decir "por qué no hacemos esa de la pelota y los pies", que poder tener un listado lo más completo posible con los ejercicios propios de cada técnica.

- 'Las referencias vagas a un ejercicio pueden crear confusión y no ayudan a tener claro con qué herramientas contamos de verdad para trabajar con los alumnos.

Así, lo recomendable es siempre elegir las técnicas que podemos afrontar e identificar claramente los ejercicios que conocemos de cada una. Elaborar esos listados es de gran ayuda.

A medida que la EI se implementa es seguro que se aprenderán nuevos ejercicios e incluso los profesores los crearán. Todo debe incluirse en los materiales disponibles y, por eso, el número de ejercicios posibles en algunas técnicas puede ser muy grande, de ahí que sea conveniente siempre identificarlos con un título o descripción lo más exactos posible.

LAS RUTINAS, LAS SESIONES, LOS TALLERES DE INTERIORIDAD Y LAS CONVIVENCIAS

Es importante que sepamos que, para utilizar estas técnicas y sus diferentes ejercicios, podemos crear distintos tipos de propuestas. Unas serán las rutinas de interioridad y otras el ámbito de las sesiones y de los talleres y convivencias.

Rutinas de interioridad

Las rutinas de interioridad pueden sacarnos del modelo del mero proyecto para irnos conduciendo al verdadero paradigma pedagógico. Para ello, todos los días, cada educador y cada alumno viven diferentes momentos de interiorización, con diversas técnicas y ejercicios, dentro del horario normal, antes de iniciar una clase con el contenido que sea, al regreso del patio o del comedor, antes de regresar a casa, etc.

- Entendemos por rutinas ejercicios de muy corta duración: entre uno y cinco minutos que se proponen al grupo de alumnos en diferentes momentos de la jornada escolar.
- Su objetivo es generar una **pausa** consciente en medio de las tareas escolares que permita a alumnos y profesores tomar una cierta distancia de los acontecimientos de la jornada y calmar cuerpo, mente y corazón.

Si, junto a ello, se siguen reservando otros momentos de especial calado, como sesiones, talleres y convivencias, el cómputo total ayudará a entrar en un estilo, en una sintonía natural con el hecho de interiorizar la vida, aprender a regalarnos pausas y enfocar mejor la mirada.

La palabra "rutina" es uno de esos términos que en nuestros modos de vida occidentales no nos resulta atractiva. Identificamos "rutina" con "aburrimiento", "poca originalidad", etc. En la EI las rutinas son imprescindibles y, sin embargo, tantas veces hacemos pivotar la propuesta de EI en sesiones elaboradas y de larga duración.

La propuesta que aconsejo es la de integrar las rutinas en el día a día escolar. Sin rutinas, no habrá interiorización de las técnicas, y sin interiorización de las técnicas no puede haber un avance significativo en el uso de estas, porque el alumno percibe que está siempre comenzando prácticamente de cero y el educador debe, por su parte, estar continuamente explicando cómo hacer los ejercicios.

Hay tres razones que me parecen especialmente importantes para incluir las rutinas de educación de la interioridad:

- Rutina y hábito van de la mano. Para crear un hábito es preciso generar una rutina.
- Referido al claustro y a la implicación de los profesores en los procesos de EI, mediante las rutinas de interioridad se puede conseguir que "todos hagamos un poco", rompiendo el esquema habitual por el que "unos pocos hacen todo".
- Las rutinas hacen que podamos generar un proceso de EI sin romper el ritmo de impartición de las materias curriculares.

Algunas cuestiones importantes sobre las rutinas

- Las rutinas deben estar presentes en todas las edades escolares, también en ESO y Bachillerato.
- Siendo cierto lo anterior, el ámbito donde las rutinas han de estar bien secuenciadas y propuestas es entre los 3 y los 9 años.

- Es necesario consensuar el contenido de las rutinas, el modo de proponerlas y en qué momentos se realizarán.
- El uso de las rutinas tiene que facilitar que realmente las técnicas principales de EI se trabajen de tal forma que llegados a los 10 años su uso gane fuerza para acompañar propuestas de mayor profundidad.
- Lo recomendable y lo más sencillo es que como rutinas se utilicen los ejercicios de respiración consciente, de relajación y automasajes.
- Las rutinas van a conseguir que podamos comenzar y terminar las clases en un ambiente más sereno, mejorando la convivencia en el aula y el ambiente de estudio.
- Las rutinas nos enseñan a vivir la cotidianeidad de la vida. Sin el punto de apoyo de lo cotidiano, todo puede adoptar la forma de "fuegos de artificio", cuya belleza y emoción dura un poco y se olvida rápido.
- Si en la escuela damos espacio a esas "píldoras", estas alimentarán nuestro ser y ayudarán también a vivir mejor el aprendizaje dentro de las distintas asignaturas.
- Profesores y alumnos podremos aprender a cuidar esas pausas fuera de la escuela, lo cual es sumamente recomendable dados nuestros modos de vida.
- A veces, un minuto de silencio tranquilo, con pocas palabras, silencio amable y compartido puede remover, interrogar y ayudar más que tres horas de trabajo de la interioridad con muchas técnicas diferentes.

Cuándo realizar las rutinas

- Al inicio de la mañana.
- Al regresar del recreo.
- Al regresar del comedor.
- Antes de irse del colegio.
- Todo profesor puede crear su propia rutina de inicio ofinal de clase o proponer una rutina cuando perciba que puede ser bueno para el grupo.
- Antes de un examen.
- Para comenzar una celebración en la capilla de colegio.

Sesiones de interioridad

Una sesión es una propuesta de EI de mayor duración, al menos entre 50 y 60 minutos, pero puede durar más si es preciso. Se puede hacer en el aula, pero dependiendo de su temática y de las técnicas que utilizar puede ser mejor hacerla en la sala de interioridad (de la que en seguida hablaremos). Una sesión debe marcar un objetivo u objetivos, un tema y qué ejercicios se harán con los alumnos.

Para que una sesión aporte algo significativo al grupo, es bueno que estén redactadas siguiendo este "esquema básico":

• Un título.
• Objetivos: si la actividad dura una hora no nos marquemos más de un objetivo.
• Contenidos: es decir, en cuál de los tres contenidos de la EI se sitúa más la sesión (puede ser en uno o en varios).
• Dónde conviene hacerla: en el aula o en la sala de interioridad.
• Materiales necesarios.
• Desarrollo: incluye tres momentos.
  – Inicio: cómo comenzamos, como disponemos a los alumnos, cómo vamos a motivarlos.
  – Núcleo: cuál es el ejercicio o ejercicios centrales.
  – Cierre: un momento final de cierre que incluya tiempo para escribir en el diario de interioridad, una actividad y/o un momento de compartir entre los miembros del grupo y que permita que el educador que acompaña la sesión termine ofreciendo una clave o claves de comprensión de lo vivido.

Las sesiones pueden pasar a formar parte de un despliegue en línea de acción tutorial en colaboración con el departamento de orientación que facilite al tutor el acompañamiento de sus alumnos.

Hay sesiones que pueden ser el inicio de un recorrido que dure un mes o un trimestre en torno a un tema. Tener esto en cuenta nos puede ayudar a ir creando un despliegue de sesiones que tengan un mejor hilo conductor. Quizá no se trate de que cada sesión proponga algo nuevo, sino de trabajar a modo de círculos concéntricos: una primera sesión puede poner las bases para la siguiente.

Talleres de interioridad

Un taller de interioridad es una propuesta dirigida a toda la tutoría. Su duración será la de la de una mañana en la jornada escolar, aunque a veces podemos hablar de "minitalleres" de una duración de al menos dos horas y media.

Recomiendo que los talleres de interioridad se realicen a partir de los 12 años. Antes quizá sean mejor los "minitalleres".

El taller puede realizarse dentro o fuera del colegio. Si se dispone de una sala de interioridad en el colegio, ese será el espacio idóneo para el taller.

El tutor o tutora debe estar presente, ahora bien, en función de su nivel formativo y de cómo vivencie estas propuestas puede adoptar un rol de espectador que le permita observar a sus alumnos en otro ambiente y "redescubrirlos" o puede participar como uno más. Por ello, en un taller de interioridad el peso de la dinamización de las técnicas y ejercicios lo debe llevar un especialista en EI.

La asistencia al taller será obligatoria. De alguna manera el taller es una acción tutorial, pero con un ritmo e ingredientes diferentes a una sesión de tutoría al uso. Al ser obligatoria la asistencia, se aplicarán las normas de convivencia y respeto que se aplican en cualquier clase. Con eso quiero decir que no por estar en un taller de interioridad, el profesor debe permitir comportamientos que bloqueen su desarrollo. Otra cosa es tener en cuenta que, como sucede en una sesión, se debe dialogar con las reacciones que los ejercicios hagan surgir. De nuevo se cumple que el único guion válido es la vida del grupo.

Todos los talleres deben trabajar en torno a:

- El autoconocimiento.
- Las relaciones.

El equilibrio entre estos dos ámbitos es importante, aunque se pueden crear talleres que dediquen más tiempo a uno o al otro. El tema que elijamos para el taller será el que nos indique cuánto tiempo es oportuno dedicarle a cada uno.

Si en una sesión es importante seguir un pequeño guion, en un taller resulta imprescindible. Una propuesta de esquema sería:

1. Tema y título del taller.

2. Objetivos: con dos o tres bastarán. Indicar más de tres objetivos en un taller genera confusión en su despliegue posterior.

3. Materiales necesarios.

4. Desarrollo: Tener muy claro el inicio, el núcleo y el cierre, como en las sesiones.
   – Bienvenida: dónde y de qué modo acogemos al grupo. En la bienvenida nos podemos jugar de algún modo el desarrollo posterior. No confundamos dar la bienvenida al grupo con explicar todo el contenido el taller. Lo mejor para que un taller impacte es

que el alumno lo vaya descubriendo sobre la marcha. Se trata de crear expectativa y ganas.

- Primera parte del taller: cuál va a ser la técnica o técnicas elegidas para iniciar el taller y qué duración tendrá en función de los ejercicios que utilicemos.
- Cierre de la primera parte del taller.
- Descanso: Puede ser más o menos extenso en función de qué se haya hecho antes, cómo percibamos al grupo, etc. A veces, el tiempo de recreo puede ser un tiempo excelente para que el dinamizador del taller hable con algunos alumnos o pueda pensar cómo cambiar el desarrollo de la segunda parte si lo siente necesario.
- Segunda parte del taller: de nuevo identificar qué técnicas y ejercicios usaremos y qué tiempo precisan para que los podamos vivir con calma y, a la vez, tengamos tiempo de calidad para el cierre final.

5. Cierre: momento para recoger lo vivido en el taller.
   - Si los alumnos han ido escribiendo en su diario de interioridad, en este momento final se puede proponer alguna actividad individual o colectiva que permita que todos percibamos qué nos ha aportado el taller.
   - A veces basta con abrir tiempo de asamblea para que hable quien quiera.
   - En todos los casos, la última palabra la ha de tener el educador y así iluminar el sentido de lo vivido, felicitar al grupo por su participación o comentar las dificultades surgidas. Al estar el tutor, es importante que este les dé a sus alumnos un *feed back* de cómo los ha visto, qué le ha llamado la atención, e incluso, si quiere, cómo ha vivido el taller.

Tanto para terminar algunas dinámicas, como en el cierre final, es muy recomendable utilizar el arte como medio de expresión de lo experimentado: elaborar un mural colectivo, modelar con plastilina, crear un mandala individual o colectivo o utilizar cualquier otro leguaje que tenga que ver con lo simbólico otorga al cierre de actividades y del taller una mayor hondura, a la vez que aporta a los alumnos la posibilidad de crecer en la comprensión y utilización del lenguaje simbólico para expresar su vida interior.

El aula de interioridad como parte del taller

Para que un taller de interioridad sea de veras una experiencia especial, es aconsejable cambiar de espacio. Hay muchas propuestas que pueden hacerse en el aula, pero cuando se trata de un taller, y más si tiene un tiempo de duración superior a dos horas, lo aconsejable es poder ir a un aula que reúna unas mínimas condiciones. Es verdad que no en todos los colegios es posible reservar una sala para un único uso, pero, a poco que se pueda, lo ideal sería crear un espacio estable para los talleres y el resto de propuestas de EI.

Disponer de una sala de interioridad nos permite:

- Tener todo el material necesario para los talleres en un solo lugar: esterillas, mantas, cojines, pinturas, cartulinas...
- Poder hacer dinámicas más ruidosas sin preocuparnos por molestar a la clase de al lado.
- Si la sala de interioridad está bien elegida, quizá consigamos incluso estar en un lugar más silencioso del colegio, lo cual nos ayudará cuando el grupo esté viviendo momentos que precisan de más silencio.
- La sala de interioridad permite también crear una estética que ayude: colores elegidos, ambientación, tipo de iluminación para cada momento del taller... Son ele-

mentos que hacen su peculiar aportación al desarrollo de los talleres.

- Disponer de un espacio reservado a los talleres de interioridad también nos permite crear una peculiar "liturgia" muy educativa: antes de entrar a la sala todos nos descalzamos como símbolo de que vamos a "pisar tierra sagrada", la de nuestra vida. Los zapatos se dejan fuera, bien ordenados y cada alumno se pone sus calcetines, y entran de uno en uno y en calma en la sala.

En mi experiencia, ya solamente este momento previo, esta "liturgia" del descalzarse y entrar de uno en uno, crea un cambio en el grupo, envía un mensaje: "aquí vamos a vivir algo diferente". Esto ya es en sí otra rutina de interioridad.

Convivencias

Es una actividad fuera del colegio, de un día o más de duración y de carácter voluntario. Su temática puede ser explícitamente cristiana (convivencias cristianas) o puede mantenerse en el terreno común de un taller de interioridad. Las pautas a tener en cuenta son las mismas que para un taller, aunque el hecho de estar un día completo juntos, o incluso varios días, favorece poder ir desplegando los contenidos con más calma; por ejemplo, las dinámicas pueden ser más elaboradas y los tiempos para compartir pueden ser más prolongados que en un taller.

En la siguiente tabla se indica qué espacios son más adecuados para cada técnica y cuáles permiten ser utilizadas tanto en el ámbito de las rutinas como en las sesiones, talleres y convivencias.

	En el aula	En la sala de interioridad u otro espacio	Cada día o con frecuencia	En sesiones, talleres y convivencias
Respiración consciente	x	x	x	x
Relajaciones	x	x	x	x
Conciencia corporal en movimiento		x		x
Visualización	x	x		x
Lenguaje simbólico	x	x		x
Mandalas	x	x		x
Contemplación de imágenes		x		x
Masajes	x	x	x	x
Meditación	x	x	x	x
Oración contemplativa		x		x
Expresión corporal		x		x
Juegos	x	x		x
Lectura de textos sagrados	x			x
Gestos	x			x
Voz		x		x
Cinefórum	x	x		x
Diario de interioridad	x	x		x

EL DIARIO DE INTERIORIDAD: UNA HERRAMIENTA INDISPENSABLE

En las sesiones de interioridad, a partir de los 7 años el diario de interioridad es una herramienta indispensable. El diario es un cuaderno especial que solo se usará en esas sesiones con más contenido y densidad, o en los talleres de interioridad y convivencias.

El uso del diario de interioridad es lo que va a posibilitar verdaderos momentos de interiorización de lo vivido. A veces, si no estamos atentos, podemos poner a los alumnos a hacer muchas cosas, y no dejamos tiempos para que cada uno de ellos se dé cuenta de qué es lo que le ha pasado, qué siente, qué le hace pensar.

- No se puede educar la interioridad sin dejar tiempos para interiorizar y personalizar los aprendizajes.

En el diario de interioridad, el alumno escribirá lo que ha sentido, vivido, comprendido, después de los ejercicios más significativos.

Y, además, en línea con esa pedagogía de la decisión a la que aludíamos anteriormente, el diario de interioridad ayuda a que el alumno sea testigo de su nivel de participación, de su implicación o no en las propuestas de EI. Permítaseme ahora un ejemplo de mi propia experiencia:

> Tras finalizar los talleres de interioridad de un curso escolar, en un centro donde yo animaba todos los talleres junto con los tutores, se me acercaron varios alumnos y alumnas que ya terminaban su paso por el colegio. Venían a explicarme algo importante para ellos: se habían dado cuenta, al re-

leer sus diarios en la última sesión dedicada a ello, de que no se habían tomado en serio los talleres y ahora, a punto de dejar el colegio, caían en la cuenta de que quizá ya nadie más les propondría vivir momentos así. Me pedían si podía organizar un último taller para ellos, no les importaba que fuera un sábado por la mañana. Querían entregarse de verdad a la experiencia y aprovecharla al máximo.

Así lo hicimos y aquel taller fue hermoso por el nivel de implicación, de sinceridad y de profundidad que esos chicos y chicas imprimieron a la mañana de trabajo. Es absolutamente maravilloso cuando un adolescente decide tomar su vida en sus manos y se toma en serio la tarea de tomarse en serio a sí mismo y sus metas.

En cuanto a cómo utilizar el diario, suelo aconsejar que se proponga al alumno responder tres preguntas que favorecen un proceso de metacognición.

1. *¿Qué he hecho?* Con el objetivo de trabajar la capacidad de estar presente, se pide al alumno que describa de forma resumida qué hemos hecho. Por ejemplo: imagina que el grupo ha estado durante tres cuartos de hora viviendo unos juegos que tenían que ver con las relaciones personales y grupales; tras los juegos, el educador puede pedir al grupo que se siente tranquilamente, cada uno sobre su esterilla, y que escriba qué juegos recuerda, en qué consistían.

2. *¿Cómo me he sentido haciendo eso (física, emocionalmente)?* Es decir, el alumno, tras hacer memoria de lo que ha hecho, ahora aterriza en su vivencia personal. En el ejemplo anterior, el alumno puede anotar que en uno de los juegos se sintió bloqueado o sorprendido o alegre, y por qué razón cree que se sintió así. También pueda anotar si se sintió casando o con energía, etc.

3. *¿Qué he aprendido de mí, del grupo, de la vida haciendo esto?* El alumno ahora indaga e identifica si en esa sesión de juegos ha podido comprender algo interesante, ha descubierto algo, o se le ha confirmado alguna cuestión acerca de sí mismo, de los demás, etc.

En ocasiones no será necesario proponer las tres preguntas. Por ejemplo, si lo que ha vivido el grupo ha sido una visualización, bastará con indicar que escriban en el diario qué han sentido, qué han visto y lo que les brote en ese momento.

Sea como sea, lo que hay que tener claro es que, en el transcurso de las sesiones, talleres y convivencias, el uso del diario es el medio indispensable para que los alumnos interioricen de verdad.

Atención, porque para que el diario de interioridad funcione de verdad va a ser muy importante que el educador, una vez da por terminado el tiempo de escribir, no obligue a nadie a leer lo que ha escrito. Solo así el alumno escribirá con sinceridad, de lo contrario escribirán lo que crean que "quedará bien" ante el profesor y ante el grupo.

Mi recomendación es que los diarios de cada grupo los guarde el tutor o tutora de ese grupo en una caja especial para evitar que se pierdan o que alguien pueda leer el diario de otro sin su permiso. Recomiendo que la caja donde se guarden los diarios también la decoren ellos a su manera.

Hacer memoria: El lugar del pasado en el desarrollo de la persona

Vivimos un tiempo en el que abunda la propuesta de "vivir el presente". Sin menospreciar el verdadero poder sanador de vivir el momento presente con plena consciencia, creo bueno indicar la importancia del pasado entendido este como la memoria de mi vida, es decir, explicitar de qué modo puede ayudar a la persona que recoja y abrace su pasado de forma consciente para que no caigan en saco roto las lecciones que la vida ha querido ofrecernos, lecciones que nos perdemos si desdeñamos, sin más, la capacidad de leer la propia vida haciendo memoria de ella y, sobre todo, memoria agradecida.

Para ello, el diario de interioridad es una herramienta poderosa e irrenunciable, porque lo que no se interioriza pronto se olvida, y escribir es una poderosa estrategia para dar entidad e importancia a lo experimentado.

El pasado ya pasó... o no

Cuando en el discurso acerca del desarrollo interior y espiritual se dice que el único tiempo real es el presente, se dice una gran verdad. Ciertamente lo que yo viví ayer ya no es algo tangible ni real en el sentido fenomenológico. Lo sucedido ayer, o incluso lo sucedido hace media hora en mi vida, ya no está en este aquí cronológico, ya no puedo cambiar lo que hice, lo que dije, pero, sin embargo, ese suceso de ayer es real para mí en tanto que yo lo viví, en tanto que "yo estuve ahí" (aunque el *cómo estuve* es otra cuestión).

Comparado con el futuro, el pasado me parece a mí que tiene más entidad, puesto que algo sí sucedió: tuve tal o cual conversación, estuve con ese amigo, realicé esta u otra acción, viví determinada experiencia y a ello aludo desde el recuerdo en el presente. En cambio, el futuro, lo que vaya yo a vivir dentro de cinco minutos, está por venir a la existencia.

El pasado tiene más dosis de realidad que el futuro. Diferente es el hecho de que el pasado que yo recuerdo está cargado de toda mi subjetividad. Es un hecho demostrable que, de un mismo acontecimiento vivido por dos personas, el recuerdo de ese mismo hecho difiere en infinidad de matices de una persona a otra. El modo en el que las personas recordamos nunca es objetivo porque recordamos desde lo que somos; recordamos en función de una gran cantidad de variables: estado de ánimo, nivel de conciencia, etc.

El ser humano recuerda de modo subjetivo. Nuestro cerebro realiza una selección en pro de no saturar la memoria. Si se me permite el símil informático, nuestro cerebro tiene la capacidad de hacer espacio en nuestro disco duro para que no se colapse nuestro sistema.

¿Por qué ante un hecho traumático hay quien lo olvida por completo y tan solo consigue acceder a él mediante hipnosis o por el estudio de sus sueños o tras años de terapia? ¿Por qué no puede una persona recordar el hecho, pero sí percibe su "eco" en la vida? Tantas veces es ese "eco" lo que pone a la persona en búsqueda.

Porque el pasado deja huella en todos, aunque nadie pueda recordar de forma objetiva los hechos acaecidos. No es solo el presente el que me ayuda a crecer. El ser humano es un ser histórico. Atraviesa etapas y cada una deja una huella, nos ofrece la posibilidad de descubrir y aprender algo. Como en un juego de pistas, a veces mi pasado ha ido dejándome señales que, bien interpretadas, pueden ayudarme a vivir mejor el presente.

El pasado pasó, es cierto, pero el pasado vive en mí. ¿Dónde? En todo mi ser: en mis células, en mi piel, en mis vísceras, en mis sentimientos, en mi corazón. Curiosamente, y como ya hemos dicho, al acto de conectar con el pasado lo denominamos en castellano "recordar", cuya raíz está en el latín "cor-cordis" que significa "corazón"; con el prefijo "re" resulta que recordar es "volver a pasar por el corazón". De alguna manera, no puede haber recuerdo aséptico. Al recordar, siempre acontece como un volver a vivir aquello que es recordado. Es así porque el recuerdo queda asentado en mi interior, en mi corazón. Recordar algo de mi vida hace que aflore en el presente la reacción física, emocional, de aquel momento. Transcurridos años de aquel evento, al traerlo hoy a la memoria del corazón, vuelvo a reír o vuelvo a llorar. Ese pasado se hace presente para mí.

Articular bien todo esto es importante para no convertirnos en esclavos de nuestro pasado, en estatuas de sal paralizadas por no poder dejar de mirar hacia atrás, pero tampoco en seres que huyen continuamente hacia delante sin saber qué mochila llevan consigo y, por tanto, acarreando pesos excesivos o desdeñando nutrientes presentes en el interior.

"Hay autores que creen que la relación con el tiempo es una de las tareas más importantes de la adolescencia. (...) El camino hacia la adultez consiste en reordenar el pasado en relación con la situación presente y con las expectativas que se tienen de futuro".[62]

Hacer memoria: un camino de sabiduría presente en la Biblia

En la entraña de la Biblia está el recuerdo del pasado. Los autores bíblicos, tanto del Antiguo como del Nuevo Testamento, hacen un ejercicio de memoria. Recuerdan el paso

---

[62] J. A. MARINA, o. c., p. 183.

de Dios por la vida humana. Recuerdan dónde estuvo Dios y de qué modo se dio a conocer en lo que acontecía.

Por ello, en la Biblia no hay recuerdos sin más, sino que lo que en ella late es esa capacidad humana de "hacer memoria". Hacer memoria, en el contexto de la experiencia de Dios, implica un volver a pasar por el corazón aplicando la inteligencia espiritual capaz de identificar "dónde estaba Dios" y qué me dice desde los acontecimientos.

En el ámbito de la vida de fe de una persona creyente, esa capacidad de identificar lo que Dios me revela en los acontecimientos, en las personas, es nuclear. El Dios en el que creemos está unido a la historia de la humanidad. Como Jacob, recordando los momentos de la vida, uno puede decir "realmente, ahí estaba Dios".

"Jacob partió de Berseba y se encaminó hacia Jarán. Cuando llegó a cierto lugar, se detuvo para pasar la noche, porque ya estaba anocheciendo. Tomó una piedra, la usó como almohada, y se acostó a dormir en ese lugar. Allí soñó que había una escalinata apoyada en la tierra, y cuyo extremo superior llegaba hasta el cielo. Por ella subían y bajaban los ángeles de Dios.

En el sueño, el Señor estaba de pie junto a él y le decía: «Yo soy el Señor, el Dios de tu abuelo Abraham y de tu padre Isaac. A ti y a tu descendencia les daré la tierra sobre la que estás acostado». (…)

Al despertar Jacob de su sueño, pensó: «**En realidad, el Señor está en este lugar, y yo no me había dado cuenta**». Y con mucho temor, añadió: «**¡Qué asombroso es este lugar! Es nada menos que la casa de Dios; ¡es la puerta del cielo!**»" (Gn 28,10-19).

Hacer memoria, saber re-cordar mi vida a la luz de la fe, es poder decir que "el Señor está en mi vida y yo no me había dado cuenta". Cuando me doy cuenta entonces mi vida es asombrosa, mi vida forma parte de la Historia de salvación.

Educar la interioridad articula el pasado y el presente en pro del futuro

Por todo lo anterior, y subrayando la raíz cristiana de nuestra propuesta, no podemos convertir la EI en un trabajo solo sobre el presente. Al contrario:

• Proponemos articular el eje del pasado y el eje del presente como fuerzas dinamizadoras que impelen a la persona a ser constructora de su identidad desde una ampliación y profundización de su autocomprensión.

La Educación de la Interioridad quiere ser un espacio de encuentro para alumnos y educadores creyentes y no creyentes, una propuesta pedagógica que rescate lo profundo de la humanidad, su cualidad humana profunda.

Esa cualidad humana profunda alude, entre otras, a la capacidad del ser humano de releer su propia historia y aprender de ella. No en vano, cuando nos situamos en el territorio del estudio de la historia de la humanidad solemos afirmar que "la historia es la gran maestra" y que es preciso conocer la historia para no repetirla. Eso que aplicamos a la historia universal es verdaderamente aplicable a la historia personal.

Por ello, en un programa serio de EI se debe favorecer que el alumno, llegado a uno de los momentos clave de construcción de su identidad, en la adolescencia y primera juventud, pueda vivir momentos de conexión significativa e inteligente con su propia historia.

Mediante el diario de interioridad, el alumno puede ser testigo de su propia evolución. Para ello, en algunos momentos del curso escolar y de la etapa, es recomendable repartir los diarios y dejar tiempo para que cada uno lea el suyo y anote al final cómo percibe su modo de participar y de vivir las propuestas de EI, si está aprendiendo algo importante o no, etc. Y lo ideal sería que después se pudiera conversar sobre ello. Estos momentos pueden servir al profesor para evaluar cómo está yendo el programa de EI en un curso o en una etapa.

TODO EL CLAUSTRO ACOMPAÑA
Y DINAMIZA LA EDUCACIÓN
DE LA INTERIORIDAD

Sucede en muchas ocasiones que, a la hora de poner en marcha un proyecto en un centro educativo, son algunos los educadores a los que el centro envía a formarse, descansando sobre ese grupo de docentes la labor de comprender y aplicar el proyecto a su realidad concreta. Eso, a la larga, puede generar en el resto de la comunidad educativa la sensación, cuando no el convencimiento, de que tal proyecto es "para unos pocos", "para los que se formaron", "para los que les gusta, les va, sirven para ello...".

En este contexto, en el que los centros educativos pueden llevar entre manos más de dos proyectos de innovación pedagógica diferentes, y todos impregnados de un carácter de urgencia grande, resulta imprescindible dejar claro que la propuesta de EI que aquí hacemos no la contempla como un proyecto más entre otros, sino como un marco pedagógico, una manera de ser y estar.

Por ello, a la pregunta "¿quién puede-debe implementar un proyecto de EI?", la respuesta es clara: toda la comunidad educativa es agente activo en el proceso de educación de la interioridad.

Partiendo de este presupuesto pasemos a describir los diferentes niveles de implicación y aplicación del proyecto.

- Toda la comunidad educativa, personal docente y no docente, familias y alumnos, conocen de primera mano qué quiere decir en su colegio la EI.

- El personal docente y no docente debe tener una formación común en los aspectos teóricos y haber vivido juntos experiencias de EI.
- Los padres y madres deben conocer también los fundamentos teóricos de la EI, saber de qué modo se aplicará en el día a día del colegio, y se les deben facilitar experiencias de EI en el marco de talleres de interioridad específicos para padres y madres.

Nivel formativo necesario para los docentes

Es aconsejable ofrecer diferentes niveles formativos dentro del claustro. No todos los profesores tienen que saber dinamizar un taller de interioridad, pero sí todos deben saber cómo dinamizar las rutinas de interioridad.

Además, hemos de ser realistas y reconocer que hay personas que por su historia personal, forma de ser o momento vital pueden sentirse muy incómodas y forzadas dinamizando sesiones, talleres o convivencias. Por ello, será bueno identificar qué profesores pueden dinamizar cada ámbito de implementación de la EI.

A modo orientativo, en la siguiente tabla se puede ver qué profesores pueden a priori aplicar cada técnica. Hay que tener en cuenta que algunas técnicas admiten formas de uso más o menos elaboradas. También podemos comenzar en línea con lo que indica la tabla e ir evolucionando a medida que la EI evoluciona en el colegio.

Quién aplica las técnicas

	Todo educador (Rutinas)	Tutores (Sesiones y talleres de Interioridad)	Especialistas en EI (Rutinas, sesiones, talleres de Interioridad y convivencias)
Respiración consciente	x	x	x
Relajaciones	x	x	x
Conciencia corporal en movimiento			x
Visualización		x	x
Lenguaje simbólico			x
Mandalas		x	x
Contemplación de imágenes			x
Masajes	x	x	x
Oración contemplativa			x
Meditación		x	x
Expresión corporal			x
Juegos		x	x
Lectura de textos sagrados			x
Gestos			x
Voz			x
Cinefórum		x	x
Diario de interioridad		x	x

Como puede verse proponemos **tres niveles formativos:**

Primer nivel formativo: "Todo educador" recibe formación teórico-práctica sobre respiración consciente, relajación y meditación. Esta formación tenderá a:

- Posibilitar que estas técnicas sean bien comprendidas y fundamentadas teóricamente.
- Favorecer que se experimenten las técnicas para obtener una comprensión vivencial de sus efectos.
- Usarlas como rutinas, saber cómo aplicarlas en el aula y en la edad con la que se trabaja.
- Pensar cómo acompañar las experiencias que pueden vivir los alumnos.
- Decidir cómo coordinar con el tutor y los especialistas en EI las intervenciones que se vayan realizando.

Segundo nivel formativo: "Tutores". Reciben formación sobre todas las técnicas del nivel 1 y además se forman en visualización, mandalas, masajes, juegos, cinefórum y la utilización del diario de interioridad. Este segundo nivel formativo tenderá a:

- Posibilitar que estas técnicas sean bien comprendidas y fundamentadas teóricamente.
- Favorecer que se experimenten las técnicas para obtener una comprensión vivencial de sus efectos.
- Saber cómo proponerlas y aplicarlas en la edad con la que trabaja cada tutor.
- Tener claro el proceso que se sigue con cada técnica en la etapa educativa en la que se está.
- Recibir las herramientas necesarias para saber acompañar las experiencias de los alumnos.
- Saber cómo aplicar la EI dentro del Plan de Acción Tutorial.
- Saber cómo coordinar el proceso de EI con el Departamento de Orientación.

Tercer nivel formativo: "Especialistas en EI". Reciben formación en todas las técnicas que se estimen oportunas para el proyecto. Su nivel formativo es de nuevo, teórico y práctico, encaminado a:

- Conocer a fondo todas las técnicas que se utilizarán para la EI, con un aterrizaje en la edad en la que ese especialista se sitúe, pero sin perder de vista las otras edades.
- Saber cómo crear, poner en marcha, evaluar y actualizar un proyecto de EI.
- Saber cómo mantener la visión de conjunto del proceso que quiere favorecer el proyecto de EI.
- Saber dinamizar, motivar, animar, clarificar, ayudar, apoyar e impulsar a la comunidad docente en la vivencia del proyecto para que no se quede tan solo en "algo que hay que hacer", ayudando a que no se diluya la razón de ser del mismo.
- Crear y dirigir los talleres de interioridad, las sesiones que sean precisas y las convivencias utilizando las técnicas más específicas para ese contexto.

Funciones de los especialistas en EI

El Especialista en EI es un educador que, como se ha indicado, se forma más ampliamente en vistas a:

- Poder coordinar la creación, puesta en marcha, evaluación y actualización del proyecto de EI.
- Crear y animar las intervenciones de EI en el marco de los talleres y convivencias.
- Apoyar a los educadores que requieran de su ayuda y/o intervención para crear y/o animar una sesión de EI.
- Programar y animar la formación permanente del claustro en lo que a EI se refiere.

ACCIÓN TUTORIAL, ORIENTACIÓN Y EDUCACIÓN DE LA INTERIORIDAD

Los tres ámbitos educativos a los que nos referimos en este apartado, y que generalmente se concretan en tres departamentos en la organización escolar, queremos desde aquí proponerlos como parte de un todo que es el proceso de "acompañamiento del ser", proceso en el que los adultos son **acompañantes, testigos y modelo** para los niños y adolescentes.

Desde el marco de la EI entendemos que el crecimiento integral de la persona en el centro escolar no puede realizarse sin que lo que entendemos por Acción Tutorial y por Orientación vayan de la mano; es más, proponemos una revisión profunda de lo que entendemos por ambos y que iría más en la línea de lo que se entiende por una Escuela Orientadora. Una Escuela que ayuda a orientar la vida desde un acompañamiento verdaderamente "tutorial", en el que todo educador se siente tutor, pedagogo y acompañante implicado en el proceso de desarrollo de cada niño y adolescente por más que este no esté ya en la esfera directa de su acción formativa en una etapa o asignatura o aula en concreto.

En este sentido, todo cuanto tiene que ver con la EI entra de lleno también en la Acción tutorial y en la Orientación. Por eso, las personas que de forma oficial participan en el funcionamiento de estos departamentos deberían favorecer cauces concretos de información y trabajo común que permitan crear un entorno que tutorice al alumno, que le oriente e inspire formas y estrategias para crecer sintiéndose protagonista de su vida y poseedor de herramientas concretas para gestionarla.

Es por ello por lo que un buen proyecto de EI debe:

- Acoger y recoger las aportaciones del Departamento de Orientación y favorecer la formación de los orientadores en las técnicas de EI.
- Señalar encuentros concretos entre los Especialistas de EI de cada etapa educativa con los responsables del Departamento de Orientación.
- Estar presente en el proyecto de Acción Tutorial, señalándose en el mismo de qué forma van a favorecerse experiencias concretas de EI en el marco de las sesiones de tutoría animadas por el tutor.

EDUCACIÓN MUSICAL, EDUCACIÓN FÍSICA Y EDUCACIÓN VISUAL Y PLÁSTICA

Hay áreas del currículo escolar que por su propio contenido pueden incluir algunas técnicas de EI en su programación con más naturalidad. Sucede así con las áreas de Educación Musical, Educación Física y Educación Visual y Plástica.

Estas tres áreas, sin realizar demasiados cambios en sus programaciones, pueden aportar a los alumnos el aprendizaje de muchas técnicas importantes para la EI.

A continuación se específica qué técnicas pueden ser propuestas con naturalidad en cada área. Eso no quiere decir que no puedan incluirse más técnicas y por supuesto no quiere decir que solo estas áreas trabajan estas técnicas. Lo que señalamos es que las tres áreas mencionadas pueden hacer una aportación específica y más especializada en las siguientes técnicas:

- **Educación musical**
  - Respiración consciente.
  - Relajación.
  - Visualización.
  - Conciencia corporal en movimiento.
  - Expresión corporal.
  - Trabajo de la voz.
  - Cantos sagrados-religiosos.

- **Educación Física**
  - Respiración consciente.
  - Relajación.

- Conciencia corporal en movimiento.
- Expresión corporal.
- Masajes.

- **Educación Visual y Plástica**
  - Respiración consciente.
  - Relajación.
  - Mandalas.
  - Visualización.
  - Contemplación de imágenes.

4.ª CLAVE
DE BÓVEDA

Proceso de creación
e implementación de una propuesta
de Educación de la Interioridad

LA EDUCACIÓN DE LA INTERIORIDAD: UNA DECISIÓN INSTITUCIONAL

Para pasar de la comprensión y aplicación de la EI como un mero proyecto entre otros muchos otros proyectos de innovación pedagógica a poder acogerlo y asumirlo plenamente como una fuente de renovación y recreación educativa, el primer ámbito de reflexión y definición del paradigma educativo de la EI es el equipo titular, en el caso de un conjunto de colegios, o el equipo directivo, en el caso de un solo centro escolar.

El "sí" total a la EI ha de darse con rotundidad en el seno del máximo órgano de decisión y gestión.

Ha de ser un convencimiento "informado":

- El equipo de titularidad al completo, o alguno de sus miembros junto con miembros de los equipos directivos de los centros, debiera ser quien configure un equipo cuya función es investigar, reflexionar y entrar de lleno en la familiaridad con todos los aspectos que forman parte de la EI, tanto en el ámbito teórico como en el práctico.
- A partir de ese proceso de investigación, el "equipo explorador" o "los exploradores", crea el Documento base General de EI o Documento General de EI (DGEI).

EL EQUIPO DIRECTIVO DE CADA CENTRO: "CUSTODE" DEL PARADIGMA

Una vez el "equipo explorador" ha elaborado completamente el DGEI, han de ser los equipos directivos de cada centro quienes lo lean, estudien y, en diálogo con el equipo de titularidad, puedan terminar de perfilarlo para que se adecúe al máximo a las necesidades reales e identidad de los centros en sus líneas generales.

En el centro educativo, el primer y último responsable del paradigma de EI es el equipo directivo.

En este sentido, sus funciones son:

- Identifica a los docentes que de verdad pueden generar el Proyecto de Interioridad del Centro (el PIC), de modo que puedan ser, junto con el equipo directivo, los líderes y guías en el camino inicial de implementación del paradigma. Es decir, identifica quienes pueden formar parte del primer "equipo motor" del centro.
- Una vez se despliega el paradigma, el equipo directivo es quien vela por cuidar que se den las condiciones necesarias para poder hacer un despliegue total en sus diferentes fases.
- Para ello, mantiene una comunicación fluida y cuidada en tiempo y calidad con el equipo motor de su centro.

EL "EQUIPO MOTOR": PRIMERA GENERACIÓN DE EDUCADORES FORMADOS Y ENTUSIASMADOS

El "equipo motor" de EI debe ser un equipo interdisciplinar e interetapas, priorizando en él la presencia de docentes de las áreas de:

- Educación Visual, Educación Musical y Educación Física y Religión.
- Tutores y orientadores.
- Pastoralistas.

En los inicios del proceso de creación e implementación de la propuesta de EI, este equipo será el rostro visible de cómo asumir y llevar a cabo todo cuanto la EI propone como modo de "ser" y "estar" en la escuela.

Este "equipo motor", con el paso del tiempo y tras el despliegue completo del paradigma, está llamado a ser siempre un referente concreto para que el resto del claustro pueda volcar dudas, necesidades etc., pero sin depender únicamente de este equipo el cuidado y renovación de la EI.

Configuración del equipo motor

Es aconsejable que el equipo motor esté constituido por docentes:

- Con sensibilidad y camino espiritual.
- Con ganas e ilusión de formar parte de esta primera generación.

213

- Ni recién llegados al centro ni a punto de prejubilarse.
- Con un buen perfil intelectual.
- Creativos.
- Con gran capacidad de trabajo en equipo.
- Identificados con el PEI.
- En el momento de pasar a formar parte del "equipo motor", esos educadores no deberían estar formándose ni liderando otros proyectos que puedan estar poniéndose en marcha en el centro educativo. Se deben favorecer y crear las condiciones de posibilidad para que esos educadores puedan de veras vivir e interiorizar el proceso formativo.

Funciones del equipo motor

- Durante un periodo inicial de unos dos años la función principal del "equipo motor" debiera ser tan solo "formarse" lo mejor posible y con el mayor grado de profundidad.
- Estudiar el DGEI y profundizar ampliamente en él.
- Debe recibir formación teórico-práctica que capacite a sus miembros verdaderamente para su otra función, que explicitamos a continuación.
- En torno al final del curso, desde del inicio de su formación, crean el PIC (Proyecto de Interioridad de Centro) que debe contemplar todos los ámbitos incluidos:
  – Formular una propuesta concreta de modos de acompañamiento al alumno, a los docentes y a las familias.
  – Identificar y organizar las rutinas de interioridad, tanto para los alumnos (inicio del día en el colegio, inicio y/o final de cada asignatura, regreso del patio

o comedor, última hora de la tarde, etc.) como para el día a día del claustro (modo de iniciar las reuniones de etapa o de claustro, propuestas de atención y cuidado de la interioridad de los educadores, etc.).
– También es el tiempo de identificar, dentro del "equipo motor", las figuras de los acompañantes: docentes que asuman durante uno o dos cursos escolares la función específica de comprobar cómo va el despliegue de la EI en otros centros de la institución. Estos acompañantes comparten en el equipo motor lo que llega de cada centro para identificar qué acciones pueden ayudar más y mejor.

DESPLIEGUE INICIAL DE LA EDUCACIÓN DE LA INTERIORIDAD EN EL CENTRO EDUCATIVO

Una vez concluida la fase de formación inicial de los equipos motor de cada centro:

- El "equipo motor" idea el modo de presentar al resto del claustro el DGEI y el PIC.
- Se realizan las sesiones informativas pertinentes que unan teoría y práctica.
  – No es adecuado considerar que si realizamos, por ejemplo, seis horas de formación en el claustro, sea ya el total formativo del claustro de cada centro; es simplemente un primer contacto para perder miedos, aclarar dudas, despertar el gusto por la comprensión teórica y práctica de la EI.
- Todo el claustro lee, estudia, reflexiona el DGEI hasta conocerlo perfectamente.
- Comienza la formación de los tutores (reciben un 50% en formación de técnicas).
- Comienza la formación del resto del claustro (reciben un 25% de formación en técnicas).
- Comienza la presentación teórico-practica del programa de EI al PAS.
- Se consensúan y concretan los modos iniciales de implementación tanto de rutinas de interioridad como de sesiones, talleres y convivencias.

Al final del primer curso de despliegue, todo se evalúa:

- Primero el "equipo motor" con el claustro.
- Después el "equipo motor" con su acompañante.
- Finalmente, el "equipo motor" y su acompañante con el equipo directivo.
- El equipo directivo de cada centro envía la evaluación al equipo de titularidad.

Esta evaluación dará lugar a los cambios precisos para adecuar más y más la EI a la identidad y necesidades de la Institución y de cada colegio.

¿Y tras el primer despliegue?

Se entra en la fase de implementación con los alumnos de la EI en todas sus vertientes (rutinas, sesiones, talleres, convivencias). Junto a ello:

- Los padres y madres deberán ser bien informados, favoreciendo una información no solo teórica sino vivencial (por ejemplo, realizar talleres para familias).
- Llega el tiempo de afianzar certezas, seguir resolviendo dudas y, sobre todo, identificar las debilidades que pueden hacer que regresemos al modelo de "un proyecto más entre otros", olvidando que la EI puede ser un paradigma educativo de "aprender a ser cuidando el ser".
- Pasados de cuatro a cinco años desde la llegada de la EI al colegio puede ser preciso "volver al amor primero": será necesario seguir cuidando con mimo los procesos

de acompañamiento humano y espiritual de todos, pero con énfasis especial en el cuidado del docente porque, sin él, nada llegará a los alumnos con la fuerza y claridad necesarias.

Inevitablemente llegará el tiempo de lo rutinario, que lejos de apagar ese "amor primero" debiera ser la demostración de que caminamos hacia un paradigma, haciendo que, en unos diez años, se diluyan las funciones del "equipo motor" por haber sido asumidas por todos: **todos hacemos un poco, todos aportamos al todo.** El equipo directivo y el equipo de titularidad terminan siendo los últimos garantes de la EI.

Los procesos normales de renovación del claustro, que harán que se jubilen por el camino educadores que son referentes, que son líderes, obligan al centro escolar a cuidar mucho la formación de las nuevas contrataciones.

5.ª CLAVE DE BÓVEDA

Sesiones para los claustros

En esta parte del libro deseo compartir algunas sesiones que son para profesores e, incluso, pueden servir para acercar la EI a los padres y madres del colegio. Son sesiones que he utilizado en mis formaciones. Algunas, al publicarlas, corro el riesgo de que luego pierdan el "factor sorpresa" que encierran, pero me parece bueno arriesgarme.

Así pues, el **objetivo** de estas sesiones es **apoyar los procesos formativos en los claustros.** Para poder amar algo es preciso conocerlo. La formación del profesorado no puede basarse solo en hablar acerca de la interioridad, en leer libros y documentos. Es indispensables vivir juntos, como equipo educativo, experiencias como las que queremos proponer a los alumnos.

Todas las sesiones que comparto las he propuesto en grupos de educadores de muchísimos colegios en lugares diferentes. Las he disfrutado y las he enriquecido con los aportes de lo que he vivido con esos educadores y educadoras.

Son numerosos los centros educativos que, una vez terminado el proceso de formación de su equipo motor, y con el programa de EI ya creado, inician la andadura en el colegio con algunas sesiones específicas para los profesores. Ese es un camino estupendo.

Se tratará siempre de sesiones sencillas de realizar y basadas en técnicas y ejercicios que sean "asequibles" a todos. Se entiende que en un grupo de educadores puede haber personas a quienes este tipo de dinámicas vividas con compañeros de trabajo les pueden incomodar. Las sesiones para los claustros serán dinamizadas por profesores del colegio. Todo ello puede generar reticencias y es normal. Así pues, será bueno proponer un tipo de sesión o de taller atractivo para todos. Sin embargo, hemos de ser sinceros, también a nuestros alumnos les va a resultar a veces difícil o no les va a apetecer hacer determinados ejercicios y se lo vamos a pedir.

- Es muy importante que el profesorado se implique en aquello que luego va a proponer a sus alumnos.

Si se quieren proponer estas sesiones, será necesario primero leerlas con atención para identificar su trasfondo y para hacer las adaptaciones que sean más pertinentes para cada equipo educativo y así favorecer que sea una toma de contacto amable y significativa con el programa de EI.

De todo corazón espero que sean útiles para aquellos colegios que empiezan o quieren apuntalar sus procesos de EI.

SESIÓN 1

TÍTULO	DINÁMICA "TRAMPA"
TÉCNICA	Dinámica para una primera comprensión de qué es la EI Esta dinámica está creada **para profesores en el contexto de formaciones** encaminadas a comprender mejor que es la EI como modelo pedagógico. Pero podría proponerse también a grupos de padres y madres del colegio.
OBJETIVO	Caer en la cuenta del modo en el que, sin darnos cuenta, podemos hacer de la EI una propuesta superficial que obedezca a un modelo de "pseudo espiritualidad" o transformarla en un mero "hacer cosas" sin verdadera interiorización.
DURACIÓN	Entre una hora y media o dos horas.
LUGAR	Sala amplia sin mesas ni sillas o con posibilidad de tener sillas que puedan quitarse y ponerse ya que en la parte 1 nos movemos y en la parte 2 estaremos sentados en círculo. Pueden utilizarse dos salas, siendo para la segunda aconsejable ir a un oratorio o capilla pequeña o un espacio que genere mayor sensación de recogimiento.
MATERIALES	• Un folio por persona. • Rotuladores de colores vivos, uno por persona. • Varios rollos de celo. • Aparato de música. • Música muy estridente, "marchosa" para la parte 1 (por ejemplo, Two Many DJ's o incluso algún grupo de Heavy Metal). • Música muy suave para la parte 2 (recomiendo alguna pieza de Lorena Mckennit o de Snatam Kaur o incluso el Claro de Luna de Debussy).

DESARROLLO

1. El dinamizador de la dinámica sitúa al grupo de pie, en círculo e introduce lo que se va a hacer:

"Vamos a jugar un poco y para ello necesitamos que cada uno lleve un folio pegado en la espalda, así que vamos a ayudarnos unos a otros a ponernos ese folio".

- Mientras en el grupo se ayudan unos a otros a ponerse los papeles, el animador va dando un rotulador a cada uno.

2. Continúa explicando la dinámica:

"Estupendo, qué bien, ahora todos somos personas «con papeles»... Pues os explico cómo es este juego.

En primer lugar, los «tiempos» los va a marcar siempre la música: cuando suene todos estaremos moviéndonos por la sala (incluso vale bailar si alguien quiere), pero cuando se para la música, siempre vamos a buscar una pareja, la persona más cercana.

A ver, si yo estoy de pareja contigo (el animador ejemplifica con alguien del grupo), la primera conversación va a ser así: yo le digo a la otra persona mi nombre, dos apellidos, dónde nací y dónde vivo –a veces no coincide, puedo vivir en un sitio y haber nacido en otro.

Cuidado, siempre es uno el que habla; el otro solo escucha, no puede intervenir porque esto no va de diálogos, sino de dar datos.

Una vez uno termina, el otro le da sus datos a la otra persona. Pero, mucha atención, esto es súper importante: si vuelve a sonar la música, hemos de cortar la conversación. Da igual si nos quedamos a media frase, suena la música y nos separamos y volvemos a movernos por la sala.

Entonces, cuando se vuelva a detener la música, de nuevo buscamos una pareja y esta vez, a esa nueva pareja (no vale repetir), le diremos: «He conocido a alguien que se llama... se apellida... vive en y nació en...». Claro que, a lo mejor o no me acuerdo o se cortó la conversación antes de terminar, así que le daré los datos que de verdad recuerde. Como veis, de este modo hay una primera conversación «en directo» con alguien y una segunda vez «en diferido», cuando digo aquello de «he conocido a alguien que...». Ojo, cuando en el segundo encuentro digamos lo de «he conocido a alguien que...» no vale señalar de quien se trata".

3. Y ahora les dice:

"Así que, ahora preparaos y recordad: cuando ponga la música os movéis, cuando se detenga, buscáis pareja y uno a otro os decís el nombre, dos apellidos, dónde habéis nacido y dónde vivís, y si suena la música os separáis inmediatamente y volvéis a moveros por la sala".

• Serán cuatro conversaciones con estos temas. El dinamizador los enunciará cada uno en su momento, no todos de golpe:

1.ª conversación: Tu nombre y dos apellidos y dónde naciste y dónde vives.

2.ª conversación: Por qué te hiciste educador.

3.ª conversación: Qué te gusta hacer en tu tiempo libre.

4.ª conversación: Qué o quién es Dios para ti.

Todas las conversaciones tienen dos partes:

1. "En directo", es decir, cada uno le da a la otra persona los datos de la conversación referidos a sí mismos. Suena la música y se cambia de pareja. En caso de que el grupo fuera impar, puede permitirse un trío, lo cual otorgará mayor dificultad y nervio al encuentro, y eso nos va bien, puesto que la conversación es lo de menos, lo importante es crear un cierto clima de prisa y confusión.

2. "En diferido", es decir, uno le dice a la nueva pareja: "He conocido a alguien que...".
Para poder deshacer las parejas y dar paso a otra conversación, el animador volverá a poner la música unos segundos y, al detenerla anuncia claramente "segundo tema" o "tercer tema", etc., para que el grupo tenga claro que toca cambio de tema y cuál es.

Siempre se ha de dejar un tiempo escaso para las conversaciones tanto sean "en directo" como "en diferido". Recuerda que se trata de generar un clima de prisa que imposibilite una buena y tranquila comunicación.
La música ha de ser muy movida y ponerse a un volumen muy alto, incluso si molesta un poco, no pasa nada.

4. Fin de todas las conversaciones: Una vez han tenido lugar las cuatro conversaciones, con sus dos momentos cada una, entonces se sitúa al grupo en círculo y el animador dice:

"En este momento, cada uno de vosotros tiene datos en directo de personas del grupo porque te lo ha dicho en primera persona; de una persona del grupo sabes su nombre y dos apellidos, de otra, quién es Dios para ella... y de otros tienes información indirecta, a través de alguien que te ha dicho «he conocido a alguien que...»".

Vamos a trabajar tan solo con los datos en directo, esos son los que tienes que recuperar de tu memoria. Y lo que vamos a hacer es que, de nuevo, cuando suene la música nos moveremos y cuando se detenga, entonces, atención, tienes que buscar a alguien de quien sepas algo en primera persona y escribes esos datos que sepas en su papel (no se lo dices, solo escribes lo que recuerdes, porque a lo mejor no recuerdas todo).

Eso sí: en el mismo momento en el que la música se detenga tienes que dejar de escribir y ¡no vale hacer trampas!, os estaré vigilando ¿eh?"

- En esta parte del juego-dinámica se dejan tiempos cortos para escribir, de modo que no les dé mucho tiempo, se mareen un poco y consigamos que la letra no sea muy buena. Esta parte tiene que durar en torno a tres o cuatro minutos. Conviene que queden cosas sin escribir. Tomarles el pelo…

5. Terminada esta parte de la dinámica nos ponemos de nuevo en círculo, de pie. El animador indica:

"En este momento, ese papel que estaba en blanco, ya se ha llenado de contenido, pero no sabemos qué habrán escrito… Así que ahora, en silencio, cada uno se quitará su folio y lo mirará, pero eso sí, es muy importante no decir nada, no comentar… Adelante".

- Mientras leen sus papeles, el animador busca el papel más chapucero, con peor letra. Le pide a quien lo tenga que se lo deje y lo muestra al grupo diciendo: "¿Cuántos tenéis algo así, como esto, que parece una receta de médico o un jeroglífico?" Se lo devuelve a la persona.

6. Continúa el animador diciendo:

"Ahora yo voy a hablar, y quiero que miréis al papel que os han escrito y no a mí: Fíjate bien en ese papel, hay datos que alguien identifica contigo… ¿Tan solo eres esos datos? Pero, además, está todo un poco desordenado, quizá a medias, e incluso puede que falten las cosas más importantes, y es que esa cara del papel representa el resultado de nuestros encuentros cuando los vivimos entre la prisa y el ruido, sin tiempo para profundizar, para expresarnos de verdad... Cuando nos vemos obligados a invertir el mismo tiempo en cosas muy secundarias, que en lo que de veras importa".

7. El animador se acerca a la persona a la que antes le cogió el papel y se lo vuelve a pedir: "Podéis mirarme... (se coloca el papel en el pecho). Cuántas veces no es esta nuestra carta de presentación ante nuestros alumnos". El alumno me ve y no entiende nada porque por un lado le digo que estoy aquí para él, pero por otro cuando me busca no me encuentra porque **no tengo tiempo**. Y cuántas veces nuestros alumnos son para nosotros como este folio: como no tengo tiempo y todo va tan deprisa en la escuela, no logro entender bien quién es cada uno de mis alumnos.

8. El animador devuelve el papel a su dueño y anuncia:

"Pero hay una buena noticia, aún nos queda una cara en blanco, ¡dadle la vuelta al papel! Aprovechando esa cara en blanco vamos a crear otro ambiente, un poco más tranquilo, más calmado, más sereno... Nos vamos a sentar en las sillas, cada uno con su papel y su rotulador".

- Si el espacio lo permite lo indicado es hacer un círculo de sillas.

PARTE 2

- En caso de que esta segunda parte se quiera llevar a cabo en otro espacio, nos dirigimos a él cada uno con su papel y el rotulador.

- Esta segunda parte es realmente la "trampa" que da nombre a la dinámica: propondremos un supuesto tiempo de interiorización con un tema que pide mucho más tiempo, que pide, en realidad, toda una vida, la cuestión de quién soy yo en esencia. Es decir: trasponemos el esquema de prisa y superficialidad de la primera parte a esta segunda parte, pero al camuflarla con música suave, buena postura, respiración consciente y un mensaje a priori profundo, puede que no se capte que ese no es el camino adecuado para conectar con el gran tema de nuestra esencia personal. Y esta es la piedra de toque de la Educación de la Interioridad: hacer cosas que "parecen" que ayudan a interiorizar y crecer como personas, pero de un modo que no es el adecuado, sin respetar los ritmos personales, grupales, sin tiempo para una verdadera interiorización, etc.

9. Una vez estamos sentados, el animador pregunta al grupo: "¿Qué es la esencia de algo?" Escuchamos las respuestas que surjan.

10. Una vez hayan intervenido varias personas, el animador repite algunas de las palabras o expresiones que se hayan dicho, mira al grupo y lanza esta pregunta:

"Así pues, ¿cuál es la esencia de una persona?... Si no pudiera hablar el idioma que hablo... Si no pudiera trabajar en lo que trabajo...Si tuviera que irme a un país lejano solo y no estuviera rodeado de quienes hoy me rodean... ¿qué queda de mí? ¿Cuál es mi esencia personal, más allá de lo que tengo, más allá de lo que hago?"

• Aquí no interesa que respondan, así que inmediatamente proponemos lo siguiente.

11. Continúa diciendo:

"Pues... vamos a realizar un viaje en busca de nuestra esencia perdida. Dejad, por favor el papel y el rotulador en el suelo".

• El animador pone la música de fondo muy suave, que no tape su voz.

- Da pautas para la postura, pero las va a indicar también con una cierta velocidad, sin dar tiempo para sentir esa postura: pies bien afincados en el suelo; piernas un poco abiertas para crear buena base; espalda recta, pero no rígida; cabeza mirando al frente, manos en el regazo y ojos cerrados.
- Se sube un poco el volumen durante unos segundos, luego se baja para comenzar una pequeña meditación. *Cuidado:* queremos que el modo de acompañar la meditación parezca el indicado, pero realmente también en el desarrollo de la meditación habrá excesiva velocidad, sin embargo, no tanta que quede evidente, recuerda que queremos poner una trampa al grupo.

12. Ahora dice el animador:

"Observa cómo respiras en este momento (…) Deja que la atención a tu respiración vaya abriendo puertas dentro de ti para entrar más y más en lo profundo". (Silencio de cinco segundos).

Al ritmo de tu respiración pronuncia internamente esta frase: Yo soy… Yo soy… Yo soy… (El animador lo pronuncia como si estuviese respirando; silencio de tres o cuatro segundos).

Yo soy… ¿Quién soy yo si no pudiera estar con mis seres queridos? (Silencio de tres o cuatro segundos).

¿Quién soy yo más allá de lo que tengo… si perdiera mis posesiones? (Silencio de dos o tres segundos).

¿Quién soy yo si no pudiera ya ser educador? (Silencio de tres segundos).

¿Y si tuviera que irme a otro país y no pudiera comunicarme en mi lengua vernácula? ¿Quién soy? (Silencio de tres o cuatro segundos).

¿Qué palabra podría expresar algo de mi esencia? A lo mejor es un verbo, yo soy… o un color… Yo soy… quizás un elemento de la naturaleza, yo soy... (De nuevo unos diez segundos de silencio).

Cuando hayas encontrado esa palabra que expresa tu esencia como persona, repítela varias veces interiormente sintiéndola (...), observa cómo te hace sentir esa frase, con qué te conecta..." (Silencio de pocos segundos).

Y ahora añade otra frase: Yo soy... y me llaman... y pronuncia internamente tu nombre propio.

Durante unos instantes repite internamente las dos frases". (La música de fondo se sube un poquito más).

- A partir de ahora, cuando cada uno quiera, escribirá en la cara en blanco de su folio las dos frases.

13. Cuando todos han escrito se invita a compartir de la siguiente manera:

"En este momento vamos a perfumar toda esta sala con nuestras esencias, como cuando uno destapa un perfume, así que quien quiera, porque es voluntario, puede decir en voz alta las dos frases: «Yo soy...Y me llaman...»; eso sí, os pido que dejemos entre una intervención y otra cinco o seis segundos de silencio porque cuando uno disfruta de un perfume necesita su tiempo para captar su esencia".

14. Es importante que el propio animador participe aquí. Una vez todos o la mayoría han compartido, el animador mira al grupo sonriendo y les da las gracias. Entonces pregunta: "Qué tal? ¿Cómo os ha ido este ratito?" Escuchamos las respuestas y preguntamos: "¿Y en cuál de los dos momentos os habéis sentido mejor, en el juego de las conversaciones o en este segundo momento más meditativo?" Aquí es importante escuchar con mucha atención. Si alguien manifiesta un malestar con respecto a la segunda parte, es importante y lo recogemos inmediatamente, y le preguntamos si sabe identificar por qué

se ha sentido mal. Generalmente, todo el mundo indica que el segundo momento es más agradable.

- Animador, tu papel aquí es ir llevando al grupo, poco a poco, hacia el descubrimiento de que les has puesto una trampa. Para ello, escucha, sonríe, subraya cosas que digan. Seguramente un ratito se hablará sobre el hecho de que vamos por la vida muy rápido, que vivimos estresados, que en el colegio no hay tiempo para hablar con nadie con calma, etc.; y, finalmente, si nadie muestra alguna disconformidad con la segunda parte, entonces pregunta tú: "Pero vamos a ver... ¿de verdad nadie se ha sentido incómodo en esta meditación?"

- Puede que alguien diga que sí, pero que no sabía si decirlo, entonces le pedimos que diga por qué se ha sentido incómodo. Puede que nadie diga nada.

15. En un caso u otro, el animador explicará:

"Os he puesto la gran trampa que nos pone a nosotros, educadores, la sociedad. Una trampa en la que llevamos tiempo cayendo la mayoría: se trata de que transferimos los esquemas de nuestro modo de vida occidental a los procesos de conexión interior, de espiritualidad... ¿Cuántos libros abundan por ahí que te proponen cómo cambiar radicalmente tu vida con cien páginas? ¿Cuántas propuestas de supuesta espiritualidad proponen cosas de apariencia espiritual pero que no lo son? Y, referido al colegio y a la EI: ¿cuántos tiempos de verdadera interiorización les damos a nuestros alumnos?, ¿nos los damos a nosotros mismos que supuestamente somos los acompañantes de esos procesos? Si somos sinceros, en occidente tendemos a banalizar las cosas profundas y las convertimos en un producto más de consumo: igual que consumo ropa, cine o música, consumo ocio y espiritualidad. El caso es consumir.

¡Lo que ha faltado aquí es el proceso! El camino que debemos transitar para pasar de esa primera parte caótica, llena de prisa, y llegar a esta otra segunda parte de mayor profundidad. Ese puede ser nuestro gran fallo con la EI: olvidar los procesos necesarios, creer que podemos cultivar esa dimensión interior a golpe de sesiones y ejercicios.

Pero resulta que la verdadera EI conlleva dejar tiempo, ir poco a poco, sin prisa, pero sin pausa. Nos acompaña hacia horizontes muy amplios y hacia cuestiones muy profundas, y eso requiere tiempo. En esta meditación yo os he propuesto un temazo, algo muy serio y, claro, como he cambiado el tono de mi voz, he puesto una música bien bonita, os he dado cuatro consignas de postura y respiración, pues ¡hala, ya está! A ver, soy consciente de que vosotros estáis bien predispuestos y no dudo de que en este ratito muchos habréis vivido algo sincero y bonito, pero ¿de verdad puedo entrar a fondo en esta cuestión del «quién soy yo» en quince minutos? (…) Y esto, sin darnos cuenta, lo hacemos en el colegio: bajo el deseo de ayudar a los alumnos a interiorizar, proponemos ejercicios, sesiones, cosas que no van a parar en nada, recortamos los tiempos precisos, damos por hecho procesos que no existen ni en nosotros ni en los alumnos, etc. Y convertimos la EI en un mero «hacer cosas», pero no generamos verdaderos procesos, sino «apariencia»".

16. Ahora es importante dejar que el grupo se exprese. El animador deberá saber gestionar los tiempos, porque aún queda la parte final.

17. Una vez se haya favorecido un tiempo para dialogar y expresarse sobre esa "trampa", el animador se levanta de su silla y mira los papeles donde han escrito las dos frases "yo soy… y me llaman…" y ha de buscar a alguien

que haya escrito las dos frases en pequeñito, que no haya empleado toda la hoja. A esa persona le pide su folio y, entonces, comienza un gesto que se desarrolla así.

18. Gesto:

> "Vaya... ¿Cuántos de vosotros habéis escrito estas dos frases así? A ver... fijaos, ¿eh? La vida nos da todo este espacio (señala el total del folio) para expresarnos, para ser y nosotros, ¡hala! Nos conformamos con algo pequeñito, ordenadito... Claro, es que hay que cumplir expectativas: los padres, los amigos, la familia, el trabajo... Todos esperan que encajemos... (Mientras lo dice va arrugando el papel hasta hacerlo una bolita y se lo mete en el bolsillo). Pues ya está, ya tengo mi vida bien apañada para que no me pase nada, para no salirme del guion, para que no me molesten o no molestar..."

- El animador mira al grupo. Cuidado, que esa mirada sea cariñosa, amable, no dura ni enjuiciadora. Sobre todo, mira a la persona a la que le cogió el papel, se acerca a ella... (incluso puede ser bueno decirle al oído o en voz alta: "yo ya sé que tú no lo has hecho por esto, pero me sirve...").

- Será importante no dar pie a que el grupo hable; si vemos que alguien levanta la mano, o quiere hablar, le miramos con cariño y hacemos un gesto de silencio.

19. Momento final:

> "Pues tengo una noticia: Educar es favorecer que la persona se despliegue y manifieste lo que es, lo que va sabiendo que es, su peculiaridad... (Mientras lo dice saca la bola del del bolsillo y la va desplegando según pronuncia cada frase). Podemos ocultar lo que somos, conformarnos con ser un "poco-yo" o arriesgarnos a ser... y un buen educador anima a sus alumnos a ser..."

"¡No, es que si soy, se ríen de mí..." (Arruga de nuevo el papel).

"¡Pues, venga, a ser sin miedo". (Desarruga el papel).

"No, es que si soy, molestaré a alguien". (Arruga).

"Pues, hala, a SER le pese a quien le pese". (Desarruga).

20. Terminado el gesto, el animador se sienta y se abre un tiempo de diálogo.

SESIÓN 2

TÍTULO	HUELLAS
OBJETIVO	• Identificar qué compañeros del claustro dejan huella en mí y en quiénes dejo yo huella. • Tomar conciencia de si dejo huellas o cicatrices a mi paso.
DESTINATARIOS	• Claustro. • Grupos de padres-madres.
DURACIÓN	Una hora y media o dos horas.
LUGAR	Aula de psicomotricidad, si es amplia, o una sala a poder ser con suelo de madera o de moqueta, amplia, pero que no sea el gimnasio. Se necesita crear un clima de cercanía, que el animador pueda hablar en un tono normal, sin gritar y que el grupo no se desperdigue en exceso, pero que puedan moverse con libertad y, después, trabajar en el suelo con cartulinas sin estar pegados unos a otros.
MATERIALES	• Una pelota de tenis o de masajear los pies, pero sin pinchos. • Esterillas, una para cada uno. • Cartulina grande blanca o papel corrido para que cada persona recorte un trozo en el que le quepan los dos pies. También pueden utilizarse folios y que en cada uno se pinte el contorno de un pie. Lo más adecuado es una cartulina en la que puedan dibujarse los contornos de los dos pies juntos. • Los participantes deberán trabajar descalzos, así que será bueno indicar que el día que se haga la sesión vengan con calcetines gorditos para no pasar frío. • Rotuladores y ceras de colores.

- Canción "Huellas" de Pedro Guerra.
- Música de fondo para los momentos de caminar. Música suave, sin excesiva carga emocional.
- Un corcho o un espacio en la pared de la sala donde poder colgar los dibujos.

AVISOS IMPORTANTES

A lo largo del desarrollo del ejercicio, en las indicaciones acerca de las explicaciones que debe dar el animador de la sesión, cuando veas unos **puntos suspensivos (…)** quiere decir que es importante **hacer una pausa**, en ocasiones bastarán unos segundos, en otras ocasiones deberá ser un poco más.

- Por ello lee primero toda la sesión, visualízala, para después saber en qué momentos esas pausas deberán ser cortitas o más largas.

El ejercicio que inicia la sesión es un **automasaje en los pies con una pelota**. Se trata de un ejercicio muy recomendado por podólogos y fisios para mejorar la pisada, para tratar la fascitis plantar y otros problemas derivados del pie. Se puede hacer tanto de pie como sentado. Nosotros lo proponemos de pie porque favorece más el equilibrio y el sentir los cambios en la sensación de la pisada.

- Es indispensable que el profesor que dinamice esta sesión conozca este automasaje, lo practique y lo entienda.
- Pero, en este caso, el ejercicio es un punto de inicio de lo que de verdad es el eje central de la sesión: tomar conciencia de las relaciones de los profesores entre ellos con el símbolo de la huella.

Adaptación **para padres y madres** del colegio:

- Si se hace la sesión con padres y madres, se trabajará con el tema de dejar huella en las personas con las que me relaciono en mi vida. Puede ser que entre ellos no se conozcan. Dirigiremos la mirada hacia el mundo relacional de cada uno.

- Se cambiará el gesto final de la espiral simplemente por compartir cómo nos ha ido el ejercicio, qué nos sugiere.

DESARROLLO

1. Situamos al grupo en círculo. Estamos de pie y descalzos, cada uno sobre su esterilla. Cada uno tiene su pelota.

2. El animador de la sesión da la bienvenida al grupo, charlamos un poquito para ir creando ambiente. El animador pregunta al grupo: "¿Qué importancia le dais a vuestros pies?" Escucha las respuestas y va interviniendo o no en función de lo que se diga.

3. Introduce el ejercicio con estas palabras:

   "Si somos sinceros, en general, solemos maltratar bastante a nuestros pies. Pero son esa parte del cuerpo indispensable para movernos. Es mágico que una superficie tan pequeña como la planta del pie soporte nuestros pesos y se mueva de tal modo que nos permita andar, correr, bailar, saltar… Vamos pues a contactar conscientemente con nuestros pies. Para ello solo vamos a estar un minuto caminando por la sala. En cualquier dirección y a la velocidad que tú quieras, pero, sobre todo, vamos a caminar con total normalidad. Cuando suene la música, comenzamos".

4. Pasado el minuto, el animador pide que se vuelvan a poner en círculo. Y luego añade:

"Ahora te voy a dar unas indicaciones para que al estar de pie lo hagas en una mejor postura: separa tus piernas más o menos el equivalente al ancho de tus caderas (...) Lleva la atención a las plantas de tus pies (...) siente cómo se apoyan en el suelo e intenta que tus dedos de los pies se apoyen bien en él (...).

Ahora lleva la atención a tus rodillas, vas a romper la rigidez en ellas permitiendo que se flexionen sutilmente, solo lo justo para que no estén rígidas (...).

Muy bien, atento ahora a tu zona pélvica: bascula hacia delante y hacia detrás unos instantes (el animador lo ejemplifica) e intenta sentir si en ese ir adelante y atrás con la zona pélvica o si lo entiendes mejor, metiendo y sacando culo, notas que hay un punto en el que, si te detienes, parece que toda tu columna vertebral descansa mejor".

5. El animador deja que el grupo lo haga. Y añade:

"Por último, vas a llevar tus hombros hacia atrás, déjalos caer, así tus hombros estarán mejor situados". (El animador ejemplifica y deja que el grupo o haga después).

6. "Ahora deshacemos la postura y cada uno la va a ir rehaciendo a su ritmo".

• El animador espera a que todos vayan rehaciendo la postura indicada y una vez todo el grupo está así, continúa:

7. "Cierra los ojos. Siente esa posición (...) Abre los ojos y vuelve a caminar por la sala como quieras, en cualquier dirección, lento o rápido, o normal...".

8. Al cabo de un minuto más o menos, se pide al grupo que vuelva a ponerse en círculo y el animador enseña cómo hacer el automasaje con la pelota.

9. Automasaje con pelota en las plantas de los pies. (Al realizar el automasaje es importante indicar que **cada uno comience masajeando el pie de su lado dominante**: si es zurdo, el pie izquierdo, si es diestro, el derecho):

"Vuelve a resituar tu cuerpo en esa posición que hemos aprendido" (...)

"Ahora, por favor, con los ojos cerrados, lleva toda tu atención a tu planta del pie dominante. Siéntela. No la muevas, solo concéntrate en las sensaciones físicas que percibes en ella".

"Abre los ojos, apoya tu pie en la pelota y comienza a hacerla rodar con tu pie". (Mientras da estas indicaciones, el animador ejemplifica haciendo el ejercicio). **"Que la pelota pase por toda la planta del pie, desde los dedos hasta el talón. Busca un nivel de presión que no te haga daño.** Si sientes que en algún punto el pie te pide un poco más de presión, hazlo.... Escucha tu cuerpo. Ve poco a poco, sin prisa".

- Se deja más o menos un minuto.

"Muy bien, déjalo y apoya el pie de nuevo, deja la pelota en el suelo. Quédate en pie. Cierra los ojos y conéctate al modo cómo percibes ahora el apoyo en el pie que acabas de masajear". (Dejamos unos 15 segundos de silencio).

"Ahora, lleva tu atención, tal y como estás, a tu otro pie, al que no has masajeado, siente como es su apoyo en el suelo". (...) "Muy bien, comienza a masajear el pie como hiciste con el otro. Es importante que no corras, que te des tiempo para sentir".

- De nuevo dejamos un minuto.

"Muy bien, déjalo y apoya tu pie. ¿Cómo percibes ahora su apoyo en el suelo?" (...)

"Camina por la sala con los ojos abiertos". (Más o menos veinte segundos).

- El animador pide que vuelvan a colocarse en círculo. Se quedan en pie con los ojos cerrados sintiendo su forma de estar ahora en pie.

10. Tras unos instantes, el animador da la palabra al grupo para que quien quiera pueda decir si ha notado algo en los pies. Durante unos minutos dialogamos acerca de lo bueno que puede ser hacer este automasaje tras un día de trabajo, lo necesario que es cuidar nuestros pies y el modo en el que solemos ser ajenos a nuestro propio cuerpo y sus señales de aviso.

11. Y continúa diciendo:

"Ahora os voy a pedir que os quedéis de pie, tal y como estás y cerréis de nuevo los ojos".

"Tus pies están ahora más sensibles, más despiertos y quizá, incluso, un poco más relajados. (…) Cuando escuches la música que va a sonar, abrirás los ojos y caminarás por la sala intentando no chocar ni rozar a nadie, busca tu camino sin interferencias. La velocidad a la que camines la marcas tú".

- Se pone la música en un volumen que recoja al grupo, que le motive. Ha de ser una música que incite a caminar, a poder ser sin letra, solo orquestal. Caminan así durante al menos dos minutos más o menos. Luego se va bajando el volumen de la música poco a poco. Se detiene del todo la música y se indica:

12. "Muy bien, ve deteniendo tu marcha y quédate donde sea, no hace falta volver al círculo. Cierra los ojos. Escúchame y deja que broten en ti respuestas a las preguntas que voy a hacer, pero no las digas en voz alta, son para ti…

13. "¿Cómo te has sentido esquivando a los demás? ¿Qué te sugiere esa palabra esquivar?"

14. Dejamos cerca de un minuto de silencio. Luego, decimos:

    "Lleva de nuevo la atención a las plantas de tus pies. Cuando suene la música, vas a caminar por la sala como quieras, eso sí, con los ojos abiertos, pero muy concentrado y atento en imaginar que «dejas huella» en el suelo".

15. Se pone la música y se dejan otros dos o tres minutos. Pasado ese tiempo, se va bajando el volumen, pero se mantiene al grupo en movimiento. El volumen ahora será bajito para permitir que, mientras siguen moviéndose, escuchen la nueva consigna, que será:

    "Atención... sigue caminando... Ahora, concéntrate y muévete como si quisieras ir al encuentro de cada persona del grupo. Mira a ver qué sucede..."

16. El grupo estará así más tiempo, al menos cinco minutos o lo que el animador vea que "pide" este momento del ejercicio.

17. Se va bajando la música y se continúa diciendo:

    "Muy bien, vas deteniéndote... Cierra los ojos... Escucha tu cuerpo... ¿qué sientes?"

    "¿Qué ha pasado cuando te pedía imaginar que dejas huella en el suelo?" (...)

    "¿Y cuándo se trataba de dejar huella en los demás?" (...)

    "¿Qué diferencia has notado entre tu modo de caminar al esquivar a otros o tu forma de caminar al ir al encuentro de los demás?"

    "Piensa en tus compañeros, en los otros profesores. ¿Percibes en ti si alguien ha dejado huella en ti en el tiempo que llevas en el colegio? (...) ¿Cómo es esa huella? (...) ¿Por qué la sientes más clara que otras? (...)".

"¿Y tú? ¿Crees que has dejado huella en algún compañero? ¿Cómo crees que es esa huella?"

- En este momento en el que proponemos estas preguntas es muy importante dejar tiempo suficiente entre una y otra pregunta, pero tampoco excesivo. Terminadas las preguntas dejamos unos 30 segundos al grupo como está y luego pasamos a la siguiente fase.

18. **Interiorización a través de la expresión plástica.**

"Ahora, cada uno de vosotros va a coger la cartulina, los rotuladores y vais a dibujar, en primer lugar, el contorno de vuestros pies".

"Después, conectados con esta experiencia y con lo que haya brotado como respuesta a las preguntas, vais a rellenar esas pisadas como os apetezca: palabras, colores, dibujos, mezcla de todo..."

19. Se deja que el grupo trabaje unos 20 minutos. Transcurrido ese tiempo, se les pide que dejen un momento las cosas y cierren los ojos. Escuchan la canción "Huellas" de Pedro Guerra".

- Podemos reproducirla en este enlace (ver la letra completa en pp. 245-246).

20. Tras escuchar la canción, aun con los ojos cerrados, el animador de la sesión dice más o menos así:

"Huellas que dejan los demás en mí, huellas que dejo en las vidas de otros... ¿huellas o...cicatrices? A veces camino por la vida y duele, aparecen heridas, pero si curan bien, son cicatrices... Serán marcas de encuentro o desencuentros que tuve que curar. Otras, mi vida se puebla de huellas, como ecos de caricias, de sonrisas, de algo que me enriqueció... y yo... ¿quiero dejar cicatrices o huellas tras de mí?"

21. Se pide al grupo que se quede unos momentos en calma y que, después, cuando cada uno quiera continúe dando vida a esos pies, completando a la luz de esta nueva idea.

22. **Momento para compartir:** de forma voluntaria, una vez todos han concluido sus dibujos de los pies, se comparte.

23. **Gesto final: creación de una espiral con las huellas.** Estamos todos sentados en círculo dejando un espacio muy grande en el centro. Se explica que cada profesor deja su cartulina en el suelo y que, quien quiera, puede decir algo al dejarla o hacerlo en silencio. Debemos ponerlas construyendo una espiral. Aquí suele ser necesario que el animador reordene un poco las primeras cartulinas para que se vea hacia dónde va la espiral.

24. Se pone una música suave de fondo que no tape la voz de quien quiere compartir algo.

25. Una vez hemos construido la espiral de huellas, el animador camina sobre ellas hacia dentro. Llega al centro y mira a todos y dice:

> "Esto queremos que sea nuestra propuesta de EI, un camino que creemos entre todos para nuestros alumnos y que haga que seamos personas, ellos y nosotros, que dejan buena huella en el mundo. Para ello, es necesario ir hacia dentro, pero también (comienza a caminar por la espiral hacia fuera) hacia fuera, al encuentro con todos y con todo".

Huellas

¿Cuántas cosas dejan huella?
¿Cuántas cosas se recuerdan?
¿Cuántas brillan en el tiempo, aunque no están?

¿Cuántos rastros, cuántas cosas?
¿Cuánto al fin es lo que importa?
¿Qué momento en la vejez te abrigará?

Un parto, una sonrisa, una ilusión.
Aquel abrazo, una canción.
La lluvia dibujada en el cristal.

Un beso, una caricia, la emoción.
De aquel encuentro una razón.
La tarde que desgasta la ciudad

¿Cuántas cosas dejan huella?
¿Cuántas cosas se recuerdan?
¿Cuántas brillan en el tiempo, aunque no están?

La plaza roja, un cuadro de Van Gogh.
Aquella extraña palidez.
Una ciudad torcida, un resplandor.
Un niño que dormita en un rincón.
Toda esa torpe dejadez.
La prisa incontrolada del reloj.

¿Cuántos rastros, cuántas cosas?
¿Cuánto al fin es lo que importa?
¿Qué momento en la vejez te abrigará?

La luna y esa dulce sensación.
De amarlo todo de una vez.
Las brasas que aún incendian la pasión.

La calle, la cornisa y el balcón.
El mapa mudo de tu piel.
El fruto merecido del amor.

¿Cuántas cosas dejan huella?
¿Cuántas cosas se recuerdan?
¿Cuántas brillan en el tiempo, aunque no están?

¿Cuántos rastros, cuántas cosas?
¿Cuánto al fin es lo que importa?
¿Qué momento en la vejez te abrigará?

¿Qué momento en la vejez te abrigará?

Pedro Guerra

SESIÓN 3

TÍTULO	MI MOCHILA EMOCIONAL
TÉCNICA	La mochila emocional del educador: cuídate para poder cuidar
	Es una sesión muy sencilla en su desarrollo, pero que, al ser propuesta al claustro, ya sea por etapas o de otra manera, requiere de "finura" a la hora de promover el compartir grupal e iluminar el "porqué" de proponer este ejercicio.
OBJETIVO	• Que cada educador pueda disponer de un tiempo para caer en la cuenta de sus verdaderas emociones en el momento en el que se viva esta sesión.
	• Caer en la cuenta de que en la comunidad educativa todos tenemos nuestras propias cargas, preocupaciones, emociones: no somos seres "neutros".
	• Subrayar la importancia de la integración emocional en los educadores si queremos acompañar a los alumnos en esa misma integración: nadie da lo que no tiene.
DURACIÓN	En torno a una hora u hora y media.
LUGAR	En cualquier aula o espacio del colegio que permita que el grupo de educadores pueda contar con espacio suficiente para disponerse en un círculo amplio.
MATERIALES	• Un folio para cada uno.
	• Ejemplos de caligramas para proyectar o para enseñar en una hoja.
	• Esterillas.
	• Cojines para poder situar bajo las piernas, si se necesita durante la relajación.

MATERIALES	• Alguna silla por si alguien no puede estar en el suelo.
	• Rotuladores y pinturillas abundantes.
	• Música de fondo agradable, suave.
	• Una cartulina grande con el contorno de una mochila grande ya dibujado.
	• Una pared o un corcho donde colgar la cartulina grande.

DESARROLLO

1. El animador dispone al grupo sentados en el suelo, cada uno sobre su esterilla. Motiva el encuentro más o menos de esta manera.

2. El animador se mueve entre el grupo y mirando a los ojos a alguno cada vez le pregunta: "Hola, ¿qué tal? ¿Cómo estás?". En general la respuesta será del tipo "bien", "pues no quieras saberlo" o… La cuestión será hacer ver que no solemos dar muchas explicaciones a los demás, sobre todo en el trabajo, acerca de cómo nos sentimos de verdad y tendemos a un nuestro "bien".

3. "Pero ¿y a mí mismo? ¿Hace cuánto que no me digo cómo me siento de verdad? Porque el hecho es que, como adultos, es necesario que seamos conscientes de nuestra mochila emocional para no «tirársela encima» a nuestros alumnos, sobre todo si está muy cargada de emociones desagradables".

4. "Vamos a darnos un momento para escucharnos en calma y con calma. Para ello, os voy a acompañar en un momento de relajación, será breve. Confiad en mí".

5. "Por favor, tumbaos boca arriba, con las piernas totalmente estiradas, los pies sin cruzar (...) Dejad los brazos siguiendo la vertical del cuerpo o, si alguien lo prefiere, puede apoyar sus manos suavemente sobre la tripa (...) La cabeza apoyada sobre la nuca, que no esté de medio lado (...) Muy bien".

6. "Si sientes dolor lumbar, pon uno o dos cojines bajo tus muslos hasta que sientas que puedes dejarte ir en la zona lumbar".

- Es importante que el animador ayude a quien lo precise a poner bien los cojines a media pierna.
- Si alguien hace el ejercicio en una silla, le indica cómo sentarse correctamente: pies tocando suelo, piernas abiertas algo más que el ancho de las caderas, espalda no rígida pero recta, manos sobre las piernas, cabeza ni erguida ni decaída.
- Las pautas posturales son importantes, sin embargo, en este caso las indicamos, pero no insistimos en exceso en ello.

7. "Siente tu cuerpo en esta posición (...) Siente cómo de tenso o de relajado estás (...). Muy bien, ahora, por favor, lleva toda tu atención hacia tu respiración sin modificarla... Solo siente tu ritmo respiratorio". (...)

8. "Cada vez que exhales, suéltate un poco más en tu cuerpo (...) Así... Exhalo y me suelto". Se deja un minuto de silencio.

9. "Voy a hacerte unas preguntas. Son para que las dejes resonar en ti. Escucha si aparece en tu interior alguna respuesta de forma espontánea".

- Entre pregunta y pregunta es importante dejar silencio al menos medio minuto.

10. "¿Cómo te sientes en el plano físico últimamente?"

11. "¿Cómo te sientes emocionalmente en esta última temporada?"

12. "¿Dónde sientes esa emoción o emociones en tu cuerpo?"

13. "Ve llevando tus manos a las zonas de tu cuerpo donde sientes esas emociones".

14. "Deja tu mano en el punto de tu cuerpo donde sientas que necesitas más ese contacto tranquilo".

15. "Muy bien. Deja descansar tus manos.... Toma conciencia de cómo te sientes física y anímicamente". (Silencio de un minuto).

16. "Voy a ayudarte reactivar tu cuerpo: inspira profundamente (…) Exhala todo el aire por la boca (…) Ahora comienza a mover tus pies (…) Tus manos (…) Muy bien, ve haciendo movimientos que te ayuden a reactivarte y, cuando puedas, ponte de medio lado si estas tumbado (…) Ahora incorpórate poco a poco para no marearte".

17. Una vez todos están sentados y reactivados, el animador indica: "¿Qué tal? ¿Alguien quiere decir algo?"

    • Se escuchan las intervenciones que pueda haber.

18. "Ahí va otra pregunta: ¿Sabéis lo que es un caligrama?"

    • En todo caso, lo sepan o no, se enseñan, bien proyectándolas, bien en un papel, ejemplos de caligramas.

19. "Ahora vamos a dedicar un tiempo a que cada uno pueda hacer un caligrama de su mochila emocional. ¡Ánimo!"

    • Se dejan las cajas de rotadores en el centro de la sala y se pone música mientras trabajan.

20. El tiempo indicativo puede ser que tengamos una media hora para hacer la mochila, lo cual puede incluir también escribir por la parte de atrás del folio lo que en este momento me parezca importante expresar.

- Cuidado: será bueno indicar que no habrá obligación de compartir 20.

21. Pasada la media hora, el animador observa si hace falta dejar más tiempo. Si no hace falta, indicamos que quien quiera puede compartir lo que desee.

- ¿Qué pasa si nadie comparte? Los profesores a veces tendemos a identificar que el lugar de trabajo no es un espacio donde yo tenga que hablar de "mis cosas". Bien, si nadie en el grupo hablara, animo a hacer la siguiente reflexión: "Veo que nos cuesta hablar de nuestras emociones, no pasa nada y es normal, pero daos cuenta de una cosa, si nadie en este claustro es capaz de compartir algo acerca de este tema tan importante, no podremos pedir a nuestros alumnos que lo hagan, seríamos bastante hipócritas". Evidentemente, a partir de aquí habrá reacciones y quizá se abra un debate que habrá que conducir con buen humor y calma.
- Si se comparte, entonces dejamos que quien quiera lo haga, sin intervenir, sin preguntar, sin comentar, eso es importante: solo escuchamos y agradecemos en voz alta cada intervención.

22. Tras algunas intervenciones, una pregunta interesante sería proponer si podemos identificar, entre esas emociones, alguna o algunas que más que "mías" están en mí por influencia de mi entorno. Esta reflexión, desde el punto de vista educativo es importante porque veremos que nosotros, como adultos, podemos —y de hecho lo hacemos— influir en el estado de ánimo de nuestros chavales y evidentemente también del claustro. Será bueno hablar un poco acerca de ello.

23. Tanto si se comparte como si no, propongo terminar elaborando juntos la "mochila emocional de nuestro claustro".

24. El animador de la sesión puede introducir este momento así:"El hecho es que no solo cada uno tiene sus emociones personales, sino que como equipo que pasamos tantas horas juntos, creamos nuestra propia atmósfera emocional. Os propongo que en esta mochila vacía que está en esta pared quien quiera escriba qué emoción cree que es la protagonista de nuestro claustro y cual desearía que fuera, si es que le parece desagradable. Puede ser una frase del tipo «creo que estamos…. y me gustaría que estuviéramos más…» o algo así, o simplemente «tristeza-alegría»".

25. Dejamos tiempo y cuando ya nadie escriba, el animador ofrece una reflexión final en función de lo que vea en la mochila.

SESIÓN 4

TÍTULO	EL MANDALA DE LAS PALABRAS DE MI VIDA
OBJETIVOS	• Tomar conciencia de la importancia de la palabra en la vida. • Caer en la cuenta de que el proyecto educativo en un colegio es una palabra que creamos entre todos.
DURACIÓN	Una hora u hora y media.
LUGAR	En cualquier aula o espacio del colegio que permita que el grupo de educadores pueda contar con espacio suficiente para disponerse en un círculo amplio.
MATERIALES	• Cartulinas blancas. • Ceras y rotuladores de colores muy abundantes. • Esterillas y cojines. • Algunas sillas. • Música: recomiendo Enya.

DESARROLLO

1. **Bienvenida:** El animador sitúa al grupo en círculo. Reparte a cada uno una cartulina y deja en el centro los rotuladores y ceras. Si alguien no puede estar en el suelo, se sienta en una silla, pero dentro del círculo, nunca alejado del grupo.

2. **Relajación:**

"Imagino que a nadie le hará mal regalarse un ratito de relajación, de calma, ¿no? Pues la primera parte de nuestra sesión empieza así, relajándonos. Así que, vamos a tumbarnos boca arriba..."

- El animador irá dando las pautas precisas para la mejor postura tumbados y para la mejor postura sentados, si alguien hace el ejercicio en una silla.
- Una vez todos están tumbados el educador dirige un ejercicio de respiración cuadrada:

"Observa tu respiración sin modificarla (...) Céntrate en la inspiración, observa cómo inspiras y qué movimientos percibes en tu cuerpo al hacerlo (...) Ahora vas a poner la intención en inspirar contando hasta cuatro, es decir, inspiras y mientras cuentas a tu ritmo hasta cuatro, cuando llegues a cuatro te habrás llenado por completo de oxígeno, luego exhala". (...)

"Ahora, por favor, después de inspirar poniendo atención en contar hasta cuatro, vas a retener el aire contando también hasta cuatro". (...)

"Muy bien, ahora después de inspirar y de retener contando hasta cuatro cada vez, vas a exhalar contando también hasta cuatro". (...)

"Por último, cuando hayas exhalado todo el aire contando hasta cuatro, esperarás contando hasta cuatro antes de inspirar de nuevo". (...)

"Muy bien, sigue respirando con este ritmo..." (Les dejamos un minuto respirando con esos "tiempos").

"Ahora, deja de contar, permite que tu respiración siga el ritmo de forma natural". (Un minuto).

"Siente tu cuerpo. ¿Cómo lo percibes en este momento: ¿tenso, relajado, igual que al inicio?" (Silencio de al menos 45 segundos).

"Disfruta de este momento de calma". (Silencio de algo más de medio minuto).

3. Una vez el grupo está en relajación, comienza una **visualización**:

- Los puntos suspensivos indican que debe hacerse una pausa que nunca será ni excesivamente corta ni larga. La música de fondo irá subiendo y bajando de volumen acompañando las pausas.

"Permite que aparezca en tu imaginación la imagen de un camino en medio de la naturaleza (...) Miras tus pies... Estás caminando al atardecer. (...) El lugar al que te diriges es una colina, un promontorio a las afueras de donde vives. Hoy, quieres ver el atardecer desde allí. Habrá luna llena y quieres verla".

"Llevas contigo una pequeña mochilita con agua y algo para picotear... Caminas tranquila... Atrás quedan los ruidos de tu ciudad". (...)

"Comienza a atardecer. Miras al cielo y ves el cambio de tonalidades... Es tan hermoso..."

"Has llegado al inicio de la subida... Sientes agradecido que tus piernas responden (...) Es una subida fácil, sin problema alguno (...) Vas ascendiendo... El aire es más puro... El cielo se ha tenido de rojo y ocre..."

"Llegas arriba. No hay nadie, solo tú y el atardecer... Desde esta pequeña loma, ves abajo un pueblito en el que ya brillan algunas luces en las casas... Frente a ti, en el cielo, el sol que se esconde tras una montaña más alta (...) Ves como el sol desciende, desciende.... Hasta desaparecer totalmente".

"El cielo se tiñe ahora de tonos grises... Y ves brillar la luna llena. Un círculo de luz en la noche (...) Te quedas absorto viendo brillar ese disco lunar ... Su luz no ciega, es suave. Te siente protegido por su luz". (...)

"De pronto, en el centro de ese círculo de luz, que es la Luna, aparecen manchas de colores que parecen danzar entre sí".

"Esas manchas se transforman en letras… Letras de colores que bailan dentro de la Luna". (…)

"Estás feliz viendo ese espectáculo inesperado… De pronto, las letras se juntan y forman una palabra en el centro de la Luna: una palabra que es o ha sido para ti fuente de inspiración una palabra importante en tu vida, una palabra que resuena en ti muy profundamente…"

"Ahora ves cómo, en torno a esa palabra central, se van formando más palabras de colores". (…)

"La luna se ha transformado en un mandala: el mandala de las palabras de tu vida".

"Palabras que te expresan, palabras que hablan de lo que es importante para ti… El mandala de las palabras de tu vida que ilumina tus noches, que te orienta…"

"Así, a la luz de esta Luna-mandala te levantas y retomas el camino de regreso a casa".

"Caminas a la luz de este bello mandala de las palabras de tu vida". (…)

"Poco a poco, esta imagen va desapareciendo de tu imaginación y llevas la atención a tu cuerpo. (…) Siente cómo de relajado estás". (…)

- El animador acompaña ahora el proceso de reactivación.

4. Elaboración del mandala.

- Una vez todos están ya sentados, el animador indica que llega el momento de dibujar ese "mandala de las palabras de mi vida". Evocando la circularidad de la Luna, los colores y palabras, nos dejamos llevar y expresamos lo que surja.

- Ponemos una música muy suave de fondo.

5. Final: Al igual que en la sesión "huellas", propongo terminar creando una espiral uniendo las cartulinas con los mandalas.

- El primero en salir será el punto central de una espiral que vamos a ir creando con todas las cartulinas.
- Terminada esa espiral la miramos y el animador camina de fuera hacia el centro de la espiral. Entonces mira a todos y dice:

"«En el principio era la palabra y la palabra era Dios y sin ella nada se hizo»… Así comienza el modo en el que Juan nos habla de Dios. Un Dios palabra… ¿Recordáis el libro del Génesis? «¡Y dijo Dios!» Sí, la palabra está en el origen de todo. La palabra de Dios es palabra que crea armonía, sentido, que hace pasar del caso al orden… ¿Y nuestra palabra?, ¿crea o destruye?" (…)

- El animador camina ahora de dentro afuera de la espiral. De nuevo mira a sus compañeros y dice:

"Nuestro proyecto educativo es una palabra que emitimos para el mundo. Puede ser como luz en la desorientación de tantos alumnos. Y ese proyecto se concreta en cada uno de nosotros, en nuestras propias palabras… ¡Qué importante es que cada uno tome conciencia de cómo habla de su vocación educativa… de cómo habla de y con los alumnos!" (...)

"Palabras que crean. Por eso hemos unido estos mandalas creando una espiral. Una espiral permite adentrarse y salir, no es un camino cerrado. Mi palabra se enriquece con la tuya. Podemos crear una sinfonía de palabras que siembren ilusión, esperanza, ánimo… porque unidos tenemos más fuerza, porque el proyecto educativo de nuestro colegio necesita de todos… Educar la interioridad es recuperar la fuerza de la palabra que crea vida. Ojalá sea así".

- Terminamos con un tiempo para compartir.

CONCLUSIÓN A MODO DE CARTA

Querido educador, querida educadora:

Si has llegado hasta aquí: ¡enhorabuena! No es un libro fácil, ya lo dije en la introducción. Te escribo ahora a ti (pon aquí tu nombre).

Termino de escribir este libro a pocos días del final del curso 2024-2025. Imagino que, mientras escribo esta carta-conclusión, tú estarás en ese momento un tanto frenético del cierre de curso. El cansancio se dejará notar. Es normal. Te entregas por entero en el aula y respondes a mil cosas. Decía san Juan de la Cruz que "el alma que anda en amor ni cansa, ni se cansa". Bueno, quizá no seamos tan santos y nos cansamos bastante, pero es un cansancio que habla de ilusión, de trabajo bien hecho, de pasión por tus alumnos.

A mí también me han pasado cosas durante este curso. Y también llego al punto final de este libro un tanto cansada. Así es la vida. Y es en la vida y desde la vida donde escribo y donde tú me lees. No compartimos teorías, sino vida y vocación educativa.

Permíteme que deje atrás el lenguaje académico y te hable como si estuviéramos compartiendo un rato de amistad.

Para escribir estas páginas he utilizado una ayuda: recordar rostros de "profes" a los que conozco, rememorar tantas conversaciones que me hicieron pensar que era un buen momento para poner en orden ideas y certezas.

A ratos me ha parecido que escribía para una persona en particular y la imaginaba sentada junto a mí, animándome.

Mi mayor anhelo es que, al leer estas páginas, puedas tener ante ti un cuadro lo más completo y atractivo posible de lo que yo entiendo por Educación de la Interioridad.

Quizá te parezca que sobran algunas cosas y faltan otras. Pero, en esta carta te adelanto que mi intención es seguir escribiendo. Le llegará el turno a la práctica de la EI. Así que te emplazo hasta el próximo libro.

Gracias con todo mi corazón por leerme. Gracias por ser educador, educadora. Gracias por todo el bien que haces.

Este libro, ¡va por ti!

ÍNDICE